Colección
EMPRENDIMIENTO
Y CRECIMIENTO PERSONAL

Pan House
Casa Editorial

Editorial PanHouse
www.editorialpanhouse.com

Edición general:
Jonathan Somoza
Gerencia de operaciones:
Paola Morales
Gerencia de producción:
Barbara Carballo
Gerencia editorial:
Miranda Cedillo
Coordinación editorial:
Jade Báez
Edición de estilo:
Yacely Torres
Corrección editorial:
María Gutierrez
Corrección ortotipográfica:
Rosa Raydan
Fotografía de portada:
Andrea Cifuentes
Diseño y diagramación:
Karina Canache
Portada:
Audra Ramones

ISBN: 978-980-437-281-0
Depósito legal: DC2023001754

CATALINA E. RESTREPO

ADUÉÑATE DE TUS FINANZA$

PanHouse

ÍNDICE

DEDICATORIA

Queridas mujeres de mi vida:

Quiero expresar mi más profundo agradecimiento a todas esas mujeres extraordinarias que se han cruzado mi camino, quienes han sido la chispa de inspiración y una fuente constante detrás de este libro

Tu determinación, valentía y sabiduría han dejado una huella imborrable en mi vida Me han enseñado la importancia de adueñarse de nuestras propias finanzas y de tomar decisiones informadas sobre nuestro futuro

A través de este libro, quiero honrar tu grandeza y compartir todo lo que he aprendido a lo largo de mi viaje financiero. Mi objetivo es empoderar a todas aquellas mujeres que desean tomar el control de sus finanzas y diseñar el futuro que desean para sí mismas.

Gracias por ser mis guías, mentoras y amigas. Este libro es un tributo a todas ustedes y a todas las mujeres que anhelan una vida financiera próspera y abundante. Sin su apoyo incondicional, esto no habría sido posible. Gracias por ser mi inspiración constante.

Con gratitud y amor.

-Catalina-

SOBRE EL AUTOR

Catalina E. Restrepo es una latina inmigrante que llegó a los Estado Unidos de pequeña sin saber el idioma, la cultura y tradiciones de este nuevo país ella poco a poco se fue adaptando a ese nuevo mundo.

Es una profesional con una sólida formación en Derecho; se desempeña como abogada y dueña de Restrepo Law Group, una firma de abogados de inmigración que trabaja y ayuda a toda la comunidad inmigrante de los Estados Unidos. A demás, se de dica a desarrollar programa s y wor kshops para ayudar a mujeres a descubrir y desarrollar su mejor versión

Su enfoque proactivo y su liderazgo ejemplar la han convertido en un referente en la comunidad latina de la Florida, su propósito de vida es impactar la vida de las mujer es latinas, para que desarrollar su mejor versión cada día

PREFACIO

Los seres humanos estamos llamados a vivir la vida al máximo. Ese instinto que llevamos en lo más profundo de nuestro ser, nos invita a experimentar la más deleitante sensación de libertad.

Como seres sociales también estamos destinados a suplir nuestras propias necesidades, y entre estas se encuentra la de ser parte de un grupo social significativo. Por esta razón, sentimos el apremio de darnos a nosotros mismos y a los que amamos, aquello que nos haga sentir plenos y realizados.

Nos guste o no, esté socialmente aceptado o no, el dinero es una fuente de poder que mueve a nuestra sociedad. Pero por razones culturales, religiosas o de evasión de nuestra realidad, se le ha atribuido una connotación negativa.

Sin embargo, el dinero es solo una herramienta que amplifica la esencia de las personas. Es decir, es un recurso elaborado por el ser humano para ayudarlo a desenvolverse con mayor plenitud y libertad.

En este sentido, el dinero está destinado a mejorar nuestra calidad de vida, a tener un impacto en quienes nos rodean y a convertirnos en una versión ampliada de nosotros mismos. ¿Cómo es eso posible?

Con dinero a nuestro alcance podemos cubrir nuestras necesidades, alcanzar nuestras metas, capacitarnos, recrearnos, hacer más por causas sociales o brindar calidad de vida a nuestros seres queridos. En general, el dinero nos ayuda a cambiar el mundo.

En consecuencia, como mujer, creo firmemente que cada una de nosotras debería aspirar a ser millonaria... ¡Punto! Es hora de cambiar nuestra relación, sentimientos y pensamientos que nos han inculcado en torno al dinero y acceder a la vida de abundancia que deseamos y merecemos.

El dinero es un recurso mágico, pues le da a las personas el control sobre su futuro y la confianza de crear oportunidades para mejorar la calidad de vida para sí mismos y para los demás.

La abundancia económica nos da el poder de comprar las cosas que queremos y necesitamos, viajar a donde nos plazca, trabajar menos horas y tener la libertad de pasar más tiempo con amigos y familiares.

La realidad es que el dinero abre nuevas puertas para un mundo lleno de posibilidades. Algunas personas creen que el dinero es la raíz de todos los males, cuando la verdad es que lo malo o bueno que hagamos con él no es culpa del dinero, sino de quien lo administra.

La gran mayoría de las personas que no se sienten capaces de alcanzar la riqueza, o no están dispuestos a trabajar por ella, piensan que la riqueza crea avaricia y egoísmo, ocasionando que las personas cometan actos terribles por la ambición desmedida hacia el dinero.

Pero esto no siempre es verdad. Ciertamente, algunos delincuentes están motivados por el dinero para cometer sus fechorías, pero muchos otros están motivados por el poder, la codicia o la fama.

En este sentido, es esencial que reflexionemos sobre si esos pensamientos y sentimientos negativos se originan en el dinero o en la mente y el corazón de su portador. El dinero es solo un medio, la acción la ejecuta la persona.

Definitivamente es posible ser codicioso, independientemente de cuánto dinero se tenga a disposición, bien sea 10 dólares o 10 millones de dólares. Alguien enfermo de codicia será capaz de hacer daño al otro por poco o por mucho.

¿Ser rico es ser malvado? ¡De ninguna manera! ¿El dinero es un recurso mágico? ¡Definitivamente! Todo dependerá de nuestras propias decisiones para utilizar este recurso. Por esta razón, deseo mostrarte la otra cara de la moneda.

Descubrirás algo grandioso y es que es posible usar la riqueza de manera responsable para beneficio propio y de los demás. Como mujeres, debemos estar conscientes de que nuestras reglas para jugar y ganar el juego del éxito no son las mismas que se ajustan para los hombres.

¡Y eso es bueno! Porque podemos aprovechar todas las potencialidades que como mujeres poseemos. Es un hecho que las reglas que funcionan a la perfección para los hombres no siempre funcionan para nosotras.

A muchas mujeres se nos ha enseñado a seguir reglas comunes: sacar buenas notas, ir a una buena universidad, conseguir un buen trabajo y luego ascender.

No obstante, el problema es que estas reglas solo se ajustan al estilo de vida de los hombres. No toman en cuenta los desafíos y obstáculos únicos que como mujeres enfrentamos a diario.

Las mujeres poseemos objetivos y prioridades muy distintas a los hombres. Es por ello que las mujeres necesitamos definir el éxito en nuestros términos y perseguir nuestros propios objetivos ¡a nuestra manera!

Incluso si parece una locura, un riesgo o algo inusual para el momento.

¿Por qué estoy segura de esto? Porque lo he vivido y visto una y otra vez. Cuando las mujeres nos decidimos a hacer las cosas a nuestra manera, ¡funciona! Es posible que no siempre obtengamos resultados inmediatos; pero, a la larga, nuestras probabilidades de éxito aumentan cuando seguimos nuestro propio camino.

Como mujer sugiero dejar de perseguir el mismo reconocimiento que obtienen los hombres. Se trata de un reto que nos invita a las mujeres a superar nuestros propios obstáculos para convertirnos en la versión más empoderada de nosotras mismas.

¡Convéncete, eres una joya en construcción! La buena noticia es que no es necesario seguir reglas estrictas para lograrlo. Se puede crear una propia estrategia de éxito sobre la base de talentos, experiencias y objetivos particulares adaptados a ti, un ser único e irrepetible.

En este libro les enseñaré cómo hacer precisamente eso. Compartiré con ustedes las historias de mujeres empoderadas que desafiaron las adversidades y lograron el éxito en sus propios términos. ¿Con qué propósito? Brindarles las herramientas y los recursos que necesitarán para desarrollar su propia estrategia de éxito.

Entonces, si posees la disposición de aprender a jugar el juego del éxito en tus propios términos, te invito a seguir leyendo este libro. A través de sus páginas te ayudaré a definir el éxito personal y cómo perseguirlo de una manera que se sienta fiel a ti.

Mi objetivo es crear una sociedad más equitativa para aquellos que han sido oprimidos y marginados por las estructuras sociales tradicionales. Para lograr esto, me siento impulsada a aportar herramientas que produzcan la mayor cantidad de cambios positivos para las vidas de las mujeres, los latinos y otras personas que se han visto afectadas negativamente por esas dinámicas.

Mi finalidad es equiparles con las habilidades y el conocimiento necesarios para romper los patrones dolorosos de la pobreza y alcanzar sus metas financieras sin estrés ni cargas innecesarias. Mis lecciones te abrirán los ojos a un futuro más brillante para ti y para quienes te rodean.

Las lecciones que he aprendido en relación al dinero me han dado la misión de mi vida... ¡empoderar a las mujeres para que construyan su seguridad financiera! Con este libro, aprenderán a cómo crear una «frecuencia» financiera intencional que pueda ayudarlas a alcanzar una vida abundante y plena. ¡Vamos!

CAPÍTULO I

HISTORIA DE ABUNDANCIA

«Debemos superar la noción
de que debemos ser regulares.
Te roba la oportunidad de ser extraordinario
y te lleva a lo mediocre.»

-Uta Hagen-

A partir de las siguientes líneas compartiré contigo una serie de historias y testimonios de vida que te permitirán abrir los ojos hacia nuevos horizontes y desestimar todo ese sistema de creencias que hasta hoy te han mantenido en negación hacia el dinero.

¿Con qué propósito? Con el fin de brindarte herramientas útiles y precisas que le den vida a tu propia historia del millón de dólares. Para empezar, deseo compartirte mi propia historia.

MI HISTORIA PERSONAL

Mis padres eran trabajadores e inteligentes, pero lucharon con problemas de dinero durante toda su vida. A veces teníamos suficiente para sobrevivir, pero otras veces enfrentamos despidos, adicciones y todas las desventajas que conlleva vivir en la escasez.

No importa cuánto trabajaron mis padres, siempre se sintieron como ciudadanos de segunda clase porque no tenían tanto dinero como los demás. Crecí en una familia con bajos ingresos económicos. Esa soy yo, una mujer latina, inmigrante, con muchas carencias y responsabilidades.

Nuestra familia emigró a los Estados Unidos desde Colombia cuando yo tenía solo 12 años de edad. Llegar a este nuevo país produjo una transformación total en nuestras vidas. Y tuvimos que adaptarnos a una nueva cultura, sociedad, e idioma.

Este nuevo país nos brindaba muchas oportunidades; pero, al mismo tiempo, bastantes desafíos. Al poco tiempo de llegar a los Estados Unidos, el matrimonio turbulento de mis padres finaliza y esa ruptura marcó significativamente mi infancia. En realidad, fueron muchos cambios en tan poco tiempo.

Mi madre decidió escondernos de nuestro padre durante ocho meses y nos llevó, a mis dos hermanas y a mí, a vivir a un albergue. Esta época fue realmente impactante. Allí fue cuando, a mis 14 años, decidí que nunca más seria económicamente dependiente de alguien.

Después de que mis padres terminaran todo su proceso de divorcio, mis hermanas y yo vivimos con nuestra madre la mayor parte del tiempo en unos apartamentos que eran subsidiados por el gobierno en un área muy abundante en la ciudad.

Mientras crecía, hice todo lo posible para fingir que las luchas financieras de mi familia no existían. Así fueron mis inicios hacia el camino de la abundancia, el cual comenzó, literalmente, con nada más que pasión. De no tener prácticamente nada he logrado convertir mis sueños en realidad. Si yo pude hacerlo, ¡tú también puedes!

Lo que he logrado hoy es el resultado de un esfuerzo consciente para abrazar la seguridad financiera y la prosperidad a través de pura fuerza de voluntad y trabajo duro. Mi solución ha sido volverme financieramente independiente y usar este poder para crear un cambio significativo en el mundo.

Además de cambiar mi mentalidad sobre lo que era capaz de lograr, también necesitaba romper con ideales obsoletos sobre cuestiones relacionadas con la riqueza, los cuales se derivan de las expectativas de la familia y la sociedad.

Darme cuenta ahora me ha permitido, a mí y a otras mujeres, concentrarnos en nuestras finanzas y tomar decisiones inteligentes para el futuro. Como mujeres, tenemos derecho a crear y acumular riqueza para nosotras mismas.

Podemos comprar un bolso Chanel, volar en primera clase o pedir champán en cualquier momento que nos apetezca. Cualquier cosa que nos brinde alegría está en nuestro pleno derecho.

Alcanzar la seguridad y la estabilidad financiera nos brinda la libertad de tomar vacaciones y garantizar que los miembros de nuestra familia disfruten de todos esos beneficios y estén bien atendidos.

¡Y aún hay más! Algunas personas que logran la libertad financiera pueden hacer ese cambio radical en sus vidas que tanto desean, otros alcanzan la autonomía para decidir cómo vivir su vida u obtener un asiento en una mesa influyente.

No importa que lo que nos impulse sea estar dispuesto a abrir nuestra perspectiva hacia el dinero para explorar más a fondo todo ese potencial que poseemos a fin de alcanzar una vida plena y en abundancia.

Sin la libertad financiera que el dinero puede otorgarnos es muy poco lo que cualquiera de nosotros puede hacer, como recibir un pago por el verdadero valor de su trabajo, tomar decisiones propias, hacernos cargo de nuestras vidas y, mucho menos, mover a las mujeres y a las comunidades marginadas de la sociedad.

El dinero nos otorga «poder» al proporcionarnos autonomía. La riqueza nos permite ser independientes y tomar decisiones que pueden mejorar nuestras vidas, así como las vidas de quienes nos rodean, sin necesidad de la opinión o aprobación de nadie más.

Si bien no siempre fue fácil o financieramente factible, tú también puedes descubrir formas de mejorar tus circunstancias y encontrar el éxito. El dinero sigue vibraciones y pensamientos manifestables. Comienza transformando estas ideas dentro de ti.

Cuando estás arruinado, la gente asume que eres flojo y sin educación. Creen que eres incapaz de cuidar de ti mismo o de ser un miembro productivo de la sociedad. ¡No creas esto ni por un segundo! La realidad es que en ti se encuentra el potencial de atraer el dinero y crear riqueza.

El sentimiento de ansiedad en torno al dinero es inconfundible y se puede experimentar a diario. Para mí, fue algo arraigado desde la infancia, proveniente de un hogar con recursos limitados y de un entorno en el que los fondos no eran fácilmente accesibles.

Si tus recursos son limitados, es probable que tus opciones en la vida sigan siendo limitadas. Sí, esta es una situación triste, pero real. Sin embargo, para reclamar más poder en el mundo necesitamos más dinero.

Para obtenerlo debes reconciliarte con este, desechando viejos patrones y pensamientos que te llevaron a atribuirle conceptos errados. La vida no te va a dar lo que no aprecias. Si deseas que el dinero venga a ti, antes debes valorarlo y aprender a utilizarlo de la manera correcta.

A continuación, capítulo a capítulo, clase a clase, iré mostrándote la mejor manera de hacerlo. Mi intención es que vayas creando tu propia estrategia de generar riqueza tomando en cuenta tus particularidades y esencia de mujer.

¿CUÁL ES TU HISTORIA DE ABUNDANCIA?

Todos enfrentamos una variedad de desafíos en la vida usando nuestra fuerza y sabiduría para superarlos. A medida que reflexionamos sobre estas experiencias descubrimos la gran capacidad de resiliencia que poseemos. Esto proporciona evidencia de que podemos lograr cualquier cosa que nos propongamos, incluida la creación de una nueva historia de dinero para tu vida.

A veces, las mujeres luchan con su relación con el dinero y bloquean su acceso a este utilizando a diario frases de carencia como las que seguro has podido escuchar o te has expresado a ti misma: «el dinero realmente no es importante», «tengo que trabajar muy duro para ganar algo de dinero» o «no soy buena para manejar el dinero».

Es crucial que desafiemos estos pensamientos negativos y comencemos a crear mentalidades saludables y productivas sobre la creación de riqueza. Para ello es fundamental cambiar nuestras creencias sobre el dinero. Esto puede ser un ejercicio increíblemente poderoso. A continuación, te invito a explorar un poco dentro de ti y responderte las siguientes preguntas:

- ¿Qué obstáculos he superado?
- ¿Cuáles son mis creencias y sentimientos sobre el dinero?
- ¿Cómo me he defendido en el pasado?

Considera, por un momento, que esto es evidencia de que tienes un espíritu imparable dentro de ti. Es la prueba de que puedes hacer cosas difíciles

Liberar viejas historias que reflejan una mentalidad de escasez y formar nuevas e inspiradoras narrativas de abundancia debería ser la prioridad para cualquiera que busque mejorar su relación con el dinero.

Para liberar la mente de la falsa creencia que te dice «para obtener dinero tengo que esclavizarme con el trabajo duro», debes entender que para atraer al dinero lo que necesitas es trabajar diariamente tu mente con pensamientos de riqueza y abundancia.

Construir tu riqueza con bases sólidas solo es posible si primero empleas todas tus energías en este **trabajo mental.** De esta manera, no solo mejora tu actitud hacia el dinero, sino que también facilita las decisiones al eliminar el miedo y la ansiedad que a menudo se asocian con las transacciones financieras.

Un cambio intencional para replantear nuestros pensamientos sobre el dinero revolucionará la forma en que pensamos, permitiéndonos ir a un lugar de esperanza y abundancia en lugar de generar sentimientos de miedo o privación.

Nuestra intención y emoción tienen un gran impacto en el resultado de una acción realizada para realinear nuestros pensamientos de tal manera que conduzcan a lograr el resultado deseado.

Esto implica evaluar los pensamientos que uno tiene y decidir conscientemente pensar en otra cosa si ayuda a alcanzar la meta deseada. El trabajo de pensamiento puede ser beneficioso al elaborar estrategias de abundancia tomando en cuenta factores como la sociedad, la cultura, la familia y los amigos.

Con esta herramienta somos capaces de controlar nuestros propios pensamientos y conseguir que nos acerquen a donde queremos estar. Creer que uno puede controlar sus pensamientos sí ejerce un efecto positivo en nosotros; además es una técnica utilizada por personas de gran éxito desde hace mucho tiempo.

Ahora te preguntarás cómo hacerlo posible. Sencillo, a través de la reflexión consciente y utilizando varias técnicas de cuestionamiento. De esta manera, las personas pueden comenzar a identificar pensamientos negativos y reemplazarlos con perspectivas más productivas.

Las preguntas de cuestionamiento que pueden servir de ayuda suelen incluir: ¿cuál es la evidencia de este pensamiento?, ¿cómo me afectará aferrarme a este pensamiento?, ¿de dónde surgió este pensamiento? Puedes utilizar esta u otras preguntas que te permitan razonar la veracidad de ese pensamiento y el aporte real de seguir pensando de esa manera.

Con la práctica, uno puede obtener una mejor comprensión de su propio proceso de pensamiento y motivarse a sí mismo hacia sentimientos y acciones más positivos. Es más, entender el impacto de tu diálogo interior es clave.

No solo da forma a cómo te comportas y respondes a los eventos de la vida, sino también a la forma en que piensas sobre ti mismo. El diálogo interno positivo crea una energía poderosa dentro de nosotros que puede usarse para lograr grandes cosas.

Lo mejor de todo es que puede generar sentimientos de optimismo y abrir nuevas posibilidades. Para promover el flujo de energía desde adentro, reconoce el poder de las emociones, las palabras (afirmaciones), la visualización y el establecimiento de intenciones para sí mismo.

Es cierto que cuando tomas decisiones conscientes para pensar, sentir, hablar y actuar de una manera que resuene contigo emocionalmente, la energía se sintonizará con la misma frecuencia o vibración. Una vez en este estado, cualquier cosa y todo lo relacionado con él entrará en su realidad.

Necesitamos ser conscientes de las emociones relacionadas con nuestras decisiones financieras. Pueden tener consecuencias fantásticas o nefastas en el futuro, todo dependerá de si estamos en sintonía con la abundancia o la escasez.

Comprender cómo funciona el dinero es la clave. Necesitamos aprender a cultivar una mentalidad de abundancia para el éxito financiero. También es posible hacerse cargo de los pensamientos negativos sobre el dinero a través del trabajo mental respondiendo preguntas prácticas sobre la situación.

A través de estos pasos y al comprender el verdadero significado y utilidad del dinero, ¡lo atraerás a tu vida con más prosperidad que nunca!

Tomar decisiones informadas sobre gastos, ahorros e inversiones puede tener efectos profundos en nuestra riqueza. En lugar de insistir en los sentimientos de culpa al considerar las deudas o los gastos , debemos reconocer la importancia de ser económicamente responsables.

Al mismo tiempo, es importante confiar en nuestra capacidad de sabiduría y acceder a la guía interna. A veces fluye libremente y el gasto puede traer muchos beneficios. El empoderamiento, a través de la educación financiera, es un componente clave en el buen comportamiento fiscal.

EJERCICIO

Debemos abordar nuestro mundo interior y aprender a permanecer en sintonía con la profundidad de nuestro ser. Recordemos qué es nuestro yo interno: el que nos impulsa a actuar de cierta manera. De allí la importancia de manejar asertivamente nuestro subconsciente.

Si ignoramos las preocupaciones subyacentes y los pensamientos negativos, estos se volverán cada vez más fuertes en un esfuerzo por ser reconocidos. Cuando somos capaces de confrontar estos sentimientos, podemos empezar a crear espacio para otros nuevos.

Es entonces cuando podemos usar esta apertura mental, recién descubierta, para instalar en nuestra mente pensamientos de abundancia y guiar con propósito nuestras ideas, emociones y energía hacia metas claras.

Para confrontar esos pensamientos que nos limitan el camino a fin de llegar al éxito y a la riqueza, es necesario que exploremos en nuestro ser: tómate el tiempo para considerar cuidadosamente tus sentimientos antes de continuar respondiendo cada una de las preguntas.

- ¿A qué le temes?
- ¿Qué historias o recuerdos realmente te molestan?
- ¿Qué no te has perdonado?
- ¿Qué no has perdonado a alguien más?
- ¿Hay algo de lo que te sientas avergonzado?
- ¿Qué te gustaría poder cambiar?
- ¿Cómo te gustaría que tu experiencia con el dinero se sintiera en el futuro? (no te preocupes si tu deseo parece poco realista).
- Si todo dependiera de ti, ¿qué estaría ocurriendo en tu experiencia con el dinero?
- Si todo fuera posible, ¿cómo elegirías que el dinero trabajara automáticamente para ti?
- Si estuvieras diseñando una nueva realidad, ¿qué más estaría pasando entre el dinero y tú?

La clave para tomar decisiones acertadas es reflexionar sobre sus valores, aspiraciones y temores personales. A medida que adquieres más conocimientos sobre estos componentes será más fácil tomar decisiones bien pensadas.

Después de responder las preguntas es momento de ubicar el origen real de cada una de sus respuestas. ¿De dónde crees que surgieron tus patrones y creencias frente al dinero, la riqueza y la abundancia? Para ayudarte un poco en el proceso puedes guiarte de algunas interrogantes que, sin duda alguna, despejarán muchas dudas al respecto.

1. **Creencias familiares:** qué te enseñaron tus padres o familia a través de palabras y acciones, o por la falta de ellas:

- ¿Sobre el ahorro?
- ¿Sobre la deuda?
- ¿Qué más te dijeron sobre el dinero?
- ¿Qué te enseñaron o insinuaron acerca de desear dinero? ¿Invertir? ¿Gastar?
- ¿Son tus creencias la verdad última?
- De lo que te enseñaron, ¿qué eliges conservar? ¿qué eliges desechar?
- Haz una lista de tus creencias nuevas y alineadas

2. **Creencias sociales:** qué te enseñó la sociedad:

- ¿Sobre el ahorro?
- ¿Sobre la deuda?
- De lo que te enseñaron, ¿qué eliges conservar? ¿qué eliges desechar?
- Haz una lista de tus creencias nuevas y alineadas.

3. **Creencia religiosa:** si se aplica a ti, qué te enseñó tu iglesia o sinagoga:

- ¿Sobre el ahorro?
- ¿Sobre la deuda?
- De lo que te enseñaron, ¿qué eliges conservar? ¿qué eliges desechar?
- Haz una lista de tus creencias nuevas y alineadas.

4. **Creencias sobre la raza:**
- ¿Hay algo sobre tu origen étnico, color de piel, comunidad o historia ancestral que te haya dicho que no puedes tener dinero o que no es seguro tenerlo?
- ¿Qué has aprendido, qué eliges conservar? ¿O qué eliges ignorar?

5. **Creencias sobre la identidad y la capacidad:** más allá de la sexualidad, la salud mental, la clase, la capacidad física, la inteligencia y el género, existen muchas creencias falsas sobre lo que es posible para nosotros, las cuales se han creado y perpetuado en nuestro mundo. Por ello, debes preguntarte:
- ¿Qué otras creencias te han dictado que estás dispuesto a reformar?
- ¿Qué eliges ahora?
- Haz una lista de tus creencias nuevas y alineadas.

CARTA DE AUTOPERDÓN

Si deseas mejorar tu relación con el dinero, antes es esencial perdonarte y sanar la relación contigo mismo. Aceptarte tal cual eres y descubrir el enorme y extraordinario potencial que como ser humanos posees te hará mejorar continuamente, día a día, paso a paso.

Descifrarnos y reacondicionarnos es un viaje. Sé amable contigo, concentrándote en lo digna que eres como persona. Esto te ayudará a notar y celebrar cada momento de progreso, cada batalla y todas las victorias a medida que avanzas.

Te invito a que te escribas una carta en la que señales las decisiones financieras que has tomado hasta el momento y consideras que han sido un verdadero «fracaso».

Durante este ejercicio es importante que te mires con ojos de misericordia y te perdones, pues esas decisiones son las que te han permitido ser la persona que eres hoy, mas no definen cuál será tu futuro. Este ejercicio te facilitará detectar los puntos críticos que te han mantenido estancada económicamente.

Ahora es el momento en que las cosas comienzan a cambiar para ti. Ya consciente de tu realidad, de tus debilidades, fortalezas y oportunidades, comienzas a tomar el control de tu futuro financiero.

Suena un poco extraño hablar de auto perdonarse, pero es esencial reconocer que muchas veces somos extremadamente duros con nosotros mismos y es necesario que, de vez en cuando, mostremos un poco de compasión.

Nunca es tarde para alcanzar aquello que sueñas, pues no existen límites para nuestra evolución.

CAPÍTULO II

CAMINO A LA ABUNDANCIA

« No hay camino a la prosperidad,
la prosperidad es el camino »
- **Wayne Dyer** -

En el capítulo anterior abordamos la manera de transformar esos patrones limitantes que nos anclaban a las carencias y nos alejaban de la abundancia económica para conseguir una mentalidad empoderada que nos mantenga en sintonía con el dinero.

De allí aprendimos que muchas de las creencias arraigadas desde la infancia en nuestra mente causaban en nuestro subconsciente una especie de rechazo al dinero y, peor aún, temor de llegar a ser millonarios.

A partir de esto abordamos distintas maneras de desmitificar estas creencias y transformar temores asociados al dinero. Ahora bien, en este capítulo, juntas, tú y yo, realizaremos ejercicios enfocados a canalizar el tipo de energía que le estás asignando al dinero.

Al reflexionar sobre qué propósito le asignas a aquello que deseas, podrás diseñar la mejor manera de atraerlo a cada uno de los aspectos de tu vida. Muchas personas se enfocan en visualizar y contabilizar sus «carencias» y terminan decretando que necesitan «desesperadamente» el dinero.

Pensando así olvidamos un principio irrefutable: «El dinero es atraído para responder a la manera en que lo invocas».

Si te esfuerzas constantemente en atraer el dinero con temor, consternada, con tristeza o desesperación, el dinero vendrá a su vida para fortalecer esas energías como un círculo vicioso.

Esto responde a tu pregunta, ¿por qué siempre vivo en la desesperación y en la pobreza? En este sentido, para atraer la felicidad, la libertad y la plenitud que deseas en tu vida debes transformar la manera en que solicitas el dinero.

Desea y atrae el dinero desde una perspectiva positiva describiendo la utilidad de ese capital para mejorar tus condiciones y calidad de vida. No pidas dinero para resolver este u otro problema, decreta que este te otorgará la abundancia y la prosperidad que deseas y mereces en tu vida.

Si vibras de manera positiva, tu energía atraerá solo aquello que le aporte plenitud y bienestar a tu entorno. Entendemos que el proceso de manifestación funciona con las vibraciones, esto ha sido ampliamente estudiado

La forma en que solicitas algo crea una frecuencia que coincide con la vibración de las cosas que quieres atraer a tu vida.

A medida que continúa este ciclo, positivo o negativo, las intenciones que le asignes a aquello que solicitas se encarnan en su identidad. Sin un intento activo por romper con el círculo viciosos de la escasez es difícil que la abundancia económica llegue a ti.

Decreta, pide y vibra muy alto, verás que esa energía comienza a hacer su trabajo y el dinero empieza a llegar sin demora. Eventualmente, las manifestaciones pueden convertirse en una parte automatizada de vivir, con fe plena de recibirlas.

¿QUÉ SIGNIFICA UNA VIDA DE ABUNDANCIA?

En este momento quiero que llegues a describir, con detalle, cómo sería para ti una vida de abundancia. Descubramos juntas qué significa la abundancia. Para ello, puedes empezar por el ejercicio de visualizar cómo sería para ti una vida en la que el tiempo y el dinero no fueran un obstáculo.

Pero, antes de ello, es importante que abordes, desde tu yo interior, las ideas preconcebidas que hasta el momento has tenido sobre el dinero. Alguna de las siguientes preguntas podría ayudarle en ello:

- ¿Te has esforzado por hacer un gran avance financiero, pero no se concreta del todo? El primer paso que debes dar es aprender a cuestionar sus suposiciones y encontrar nuevas formas de ver las cosas.

- ¿Cómo sabrás que el trabajo ha valido la pena? Una buena señal es que aparezca dinero en tu realidad física. Sin embargo, previamente debes realizar un trabajo interno, el cual inicia cuando decides que ya has recibido lo que pediste.

La abundancia financiera se concreta a medida en que aprendes a confiar en tus propias capacidades. Cuando estableces estándares claros sobre qué aspectos de tu vida se beneficiarían con el dinero, ¡a menudo el dinero que obtengas seguirá estos estándares!

ATRAER TODO LO QUE QUIERES A LA REALIDAD FÍSICA

El primer paso para atraer lo que quieres a tu realidad física es determinar con claridad lo que quieres. Muchas veces lo sabes, pero tienes miedo de admitirlo.

Aunque admitirlo es un primer paso, necesitas saber las respuestas a: ¿qué es ese temor que te impide aceptar aquello que anhelas y necesitas? o ¿por qué no te sientes digno de recibir lo que deseas?

Es importante que logres sincerarte contigo mismo, pues se trata de algo crucial que está entre tus manos, tu vida.

Piensa, tu futuro, vocación, vida amorosa y propósito son demasiado valiosos para autoengañarte.

Recuerda, eres la única persona responsable de la manera en que conduces tu vida.

¿Y el dinero? El dinero es parte esencial de esa vida que deseas. Tu cuenta bancaria, estabilidad económica, los recursos financieros con que cuentas y tu capacidad de generar ingresos son elementos esenciales que determinarán la forma en que vas a vivirla.

La calidad de vida que obtengas dependerá de tu capacidad para confiar en tu potencial para generar y recibir dinero. Este es el medio que permitirá cumplir tus deseos, alcanzar tus metas, concretar proyectos, ayudar a tus seres queridos y hacer aquellas cosas que encienden tu corazón.

La estabilidad emocional, que le aporta felicidad a tu vida, alegría a tu corazón, que alimenta tus relaciones familiares, fraternas y le aporta salud a tu organismo, depende en gran medida de tu estabilidad económica.

Recuerda no mentirte a ti mismo cuando se trata de tu vida, del amor y del dinero. Cuando te pregunto qué quieres estoy hablando del deseo más profundo de tu corazón.

Una forma rápida de revelar la verdad sobre lo que realmente quieres es considerar estas cinco preguntas:

- Si algo que quisiera no fuera malo o incorrecto, ¿qué querrías?
- Si nadie estuviera enojado conmigo, sin importar lo que hicieras, ¿qué querrías?
- Si no pasará nada malo, sin importar lo que hiciera, ¿qué querría?
- Si sucediera independientemente de lo que yo quisiera, ¿qué querría?
- Si pudiera confiar plenamente en mi parte bondadosa, ¿qué querría?

Déjame decirte que a medida que comienzas a considerar que tu vida está impulsada por los deseos de tu corazón, dejas de convencerte de que hay algo malo contigo o con lo que deseas. Recuerda: ¡eres valiosa y mereces lo mejor!

CONSEJOS PARA CONOCER TUS SENTIMIENTOS

Cuando la duda o el miedo se apoderan de ti, es importante que recuerdes tus intenciones originales y te concentres en lo que crees que es verdaderamente beneficioso para ti. Creer en ti mismo, en tus principios y en que tienes la capacidad de lograr algo más grande en tu vida puede marcar la diferencia cuando se trata del éxito.

Confiar en tus capacidades para hacer que ese proyecto funcione, contribuirá en gran medida, a tu propia satisfacción y crecimiento personal. A continuación te mencionaré una serie de consejos que podrían ayudarte en el hermoso propósito de descubrir quién eres, qué quieres y el gran potencial que existe en ti.

- **Primera invitación:** estimula las vibraciones que manifiestan abundancia a través de ejercicios de visualización. Para ello, comienza con elegir una posición cómoda, bien sea sentada o acostada. Seguido, realiza varias inhalaciones y exhalaciones profundas que te permitan alcanzar una relajación completa. Después de diez respiraciones, ingresa a la fase de visualización.

Piensa en lo que verías y sentirías si ya tuvieras el dinero que deseas. Imagina cómo te verías en tu teléfono, tu casa, en la portada de esa revista, en la nueva oficina de tu negocio, en ese avión, en ese lugar que deseas conocer.

Sintoniza cómo se siente cuando notas estos indicadores tangibles de ingresos en tu camino. Permítete experimentar hasta cinco emociones asociadas con esta experiencia y tómate el tiempo necesario para sentir cada una a medida que surjan.

- **Segunda invitación:** manifiesta y expresa tus deseos. Habla acerca de aquello que quieres y permítete imaginar cómo pensarías, sentirías y experimentarías si ya fuera un hecho. Permítete emprender un viaje de alta vibración de dos minutos a la vez.

Cree que la alegría, el éxito, el amor, la abundancia y la prosperidad son totalmente merecidos, que tienes pleno acceso a ellos y que vendrán libremente a tu camino.

Concéntrate en estos sentimientos positivos con plena convicción de que alcanzarás lo que tanto anhelas hasta que se convierta en parte de tu realidad.

- **Tercera invitación:** lleva un registro diario de lo que sueñas, de los pasos que das, de las bendiciones que ya posees y de aquellas que deseas alcanzar. Un diario es una herramienta eficaz y tangible que te permite hacer realidad tus sueños.

Hacer un registro de tu día a día te ayuda a eliminar esas barreras mentales que te han alejado de tus metas, liberando las energías creativas que te permiten obtener claridad sobre las circunstancias de tu vida.

Al comprendernos mejor a nosotros mismos podemos establecernos metas alcanzables que nos ayudarán a avanzar hacia un futuro más exitoso.

Anímate a escribir tu visión y metas en detalle. Haz un seguimiento de tu progreso y vuelve a comprobarlo periódicamente para mantenerte al día.

- **Cuarta invitación:** transforma tus emociones en acción. Si deseas conectarte con las vibraciones del dinero, comienza realizando una actividad física que pueda emocionar y energizar tu cuerpo.

Eso podría ser cualquier cosa, desde bailar tus canciones favoritas, salir a correr o subirte a la bicicleta de spinning. También recomiendo ampliamente la técnica de manifestar a través del movimiento para experimentar la liberación del ser a través de la expresión creativa. Esta es una herramienta que ofrece una variedad de clases de bailes y movimientos para personas que desean desbloquear su potencial, expresarse e inspirarse. La metodología combina técnicas de danza tradicional con ejercicios de autorreflexión y visualizaciones para aprovechar la conexión entre mente, cuerpo y espíritu.

Una vez que tu cuerpo fluya, tómate un tiempo para concentrarte en tus metas financieras. Visualiza la desaparición de la deuda y siente la emoción y la alegría que conlleva alcanzar esos objetivos. Por último, confirma en tu mente que estos cambios ya han tenido lugar.

Cuando aquello por lo que te esfuerzas no se manifiesta tan rápido como te gustaría, es importante que puedas reflexionar sobre el trabajo interno que debe llevarse a cabo antes de que puedan verse los resultados deseados.

Un gran enfoque es visualizarte a sí mismo palpando aquello que anhelas, sintiéndote agradecido de que sea una realidad y pronunciando palabras y afirmaciones de agradecimiento. Si la duda o el miedo surgen en tu mente, simplemente, repite este proceso.

Cuando los pensamientos sobre tener o no tener algo entran en juego, practica la autoconciencia y redirige, conscientemente, esos pensamientos hacia creencias y acciones basadas en la felicidad y la libertad plena.

Es de vital importancia que tengas presente los siguientes pasos:

- Reflexiona sobre tu decisión y visualiza cómo funciona el dinero para ti.
- Cultiva una conexión emocional para sentir esta verdad en tu vida.
- Avanza con convicción y hazlo realidad.

Ha llegado el momento de confiar en tus instintos e intFui-ción. Durante este período, es importante tener en cuenta que los resultados positivos y negativos de tus anteriores acciones eventualmente se materializarán.

Aunque los resultados anteriores pueden estar fructificando junto con los nuevos que has planeado, recuerda que estas cosas toman tiempo, ¡no te desanimes! Mantén la esperanza mientras observas que el desarrollo de tu realidad va tomando forma.

Es esencial reconocer que durante el período de transición entre la elección de un nuevo pensamiento, sentimiento o realidad y su manifestación debes mantener una alineación energética a través de tus palabras, pensamientos y sentimientos.

Además, es importante tener cuidado de no dejar que esto se convierta en una experiencia negativa. Mantente enfocada en volver a tu verdadera esencia y libérate de cualquier creencia de fracaso. No olvides que tu realidad se alineará, eventualmente, con el enfoque y energía que diriges con tus acciones.

A su vez, tus acciones dependerán de los pensamientos, sentimientos y de las emociones que alimentas a diario. Recuerda, no estás esperando a que tus sueños se conviertan en realidad, estás mirando con convicción plena cómo se materializan para:

- Ver que es evidente que se empiezan a producir cambios.
- Tomar nota de cómo tu estado interior juega un papel en la configuración de tu realidad.
- Reconocer las ansiedades y aprensiones persistentes es un paso importante en el crecimiento personal.
- Identificar la causa raíz de cualquier miedo y encontrar estrategias efectivas para hacerle frente es fundamental para lograr un estado saludable de bienestar emocional.
- Reflexionar sobre los resultados que han manifestado tus creencias anteriores.

Está claro que nuestras expectativas, elecciones y sentido de valía en el pasado dan forma a nuestra realidad actual. Desde una perspectiva externa, puede parecer que nos faltan opciones o control; sin embargo, esto está lejos de ser la verdad.

Tenemos más poder del que imaginamos. Solo que no nos damos cuenta y, por ende, no somos conscientes de ello. Constantemente estamos creando nuestras propias realidades. La buena noticia es que tienes la capacidad de recuperar tu poder.

LISTAS DE GRATITUD + DESEOS

Citando a un gran conocido hombre de éxito, Tony Robbins: «Cuando sientes gratitud el miedo desaparece y la abundancia aparece». En esta frase se evidencia a la perfección el engranaje entre el agradecimiento y la autoconfianza para generar prosperidad.

En consecuencia, es vital tener en cuenta la gratitud en cada momento de nuestras vidas. Para ello, es necesario que destines un tiempo a reconocer las cosas buenas que tienes. Crear una lista de gratitud es una excelente manera de cuantificar los aspectos positivos de tu vida.

Mientras piensas en cada elemento de tu lista, haz un balance de lo verdaderamente maravilloso que se siente tener estas cosas y la felicidad que te han brindado. También ten en cuenta que la bondad continúa llegando a tu camino. ¡Enfócate en manifestar éxito y abundancia!

Otra maravillosa estrategia para ayudarte a enfocar tus pensamientos en crear una mentalidad de abundancia es *Shift Limiting Beliefs (Creencias que limitan el cambio),* la cual está diseñada para apoyar a las personas en el proceso de superar las dudas y replantear sus pensamientos aprovechando nuevas oportunidades.

A través de la reflexión, la conciencia y la reescritura de nuestras propias narrativas podemos desbloquear nuestra mentalidad de prosperidad para empoderarnos y alcanzar nuestras metas.

Si deseas alcanzar una vida de abundancia y libertad financiera, es necesario que lo manifiestes y escribas, tanto lo que se anhela como los resultados y las razones por las cuales aún no se ha logrado materializar.

Después de anotar todos los elementos en cuestión, es importante evaluar y cuestionar la validez de cada razón. Esto te puede ayudar a desvelar suposiciones falsas o creencias limitantes que merecen tu atención para ser transformados.

Una vez que se iluminan las creencias falsas, las personas pueden crear afirmaciones nuevas y empoderadoras que potencien su mentalidad de abundancia y los acerque cada vez más a sus deseos.

Al escribir lo que queremos, desde un lugar en el que ya lo tenemos, podemos aprovechar las vibraciones que nos permitirán manifestar esos deseos.

Con la práctica podemos mejorar esto aún más y convertirnos en un rival, quien tiene todas estas cosas, para nuestro «yo futuro». La gente a menudo se refiere a este proceso como «tiempo colapsado», porque nos permite llamar lo que realmente deseamos más rápido que antes.

Al final del día, lo único que importa es cómo te sientes. Concéntrate en lo que te hace sentir saciado de lo que deseas hasta que ya se convierta en un hecho.

EL CONCEPTO ERRÓNEO DE LA RENDICIÓN

La rendición a menudo tiene una connotación negativa. Generalmente, se asocia con darse por vencido y puede generar sentimientos de derrota, fracaso o pérdida. Sin embargo, cuando se toma en el contexto correcto, la entrega puede ser una herramienta poderosa para el crecimiento y la transformación personal. A continuación exploraremos el concepto y cómo nos puede brindar una oportunidad para un cambio positivo.

Entregarse no significa darse por vencido, sino una estrategia intencional para ayudar a aliviar la presión y darnos el permiso para seguir hacia algo más grande. Cuando aceptas las cosas como son, neutralizas tu energía para que puedas crear el mundo que deseas.

No hay necesidad de esperar el permiso cósmico: una vez que te rindes, este es tu momento para exponer lo que deseas y crearlo abiertamente. De esta manera, la entrega sonaría así:

- Acepto donde estoy ahora, incluso si las cosas no son perfectas.
- Confío, libero y suelto el control al mismo tiempo que afirmo que todo estará bien.

La rendición nos ayuda a liberarnos de ataduras que no nos conducen hacia la felicidad para poder elegir de nuevo y volver a recrear, de manera más consciente, el futuro. Es importante tener en cuenta que rendirse no significa ser pasivo o renunciar a tus objetivos.

Se trata de reconocer y aceptar el momento presente, permitiéndote dejar de lado la necesidad de control y confiar en que el universo te guiará hacia el resultado que deseas y que te proveerá de plenitud.

La rendición también puede ayudarte a dejar de lado la resistencia y el apego a resultados específicos; cosa beneficiosa, pues a menudo estos elementos pueden conducir a la decepción y a la frustración.

Al entregarte, te permites moverte con el flujo de la vida y abrirte a nuevas oportunidades y posibilidades. A la hora de manifestar o de atraer algo positivo a tu realidad lo mejor es que seas claro y preciso.

No obstante, debes liberarte de la necesidad de controlar el resultado. Recuerda que si no viene a ti aquello que pediste, es porque recibirás algo aún mejor. Esto significa que podrías obtener lo que tanto querías o recibir algo, tan fantástico, que ni siquiera podías imaginarlo antes.

MI VIBRACIÓN EN TORNO AL DINERO ES MI RESPONSABILIDAD

Recibir la gracia divina, para mí, significa tener una vida excepcional mientras aceptamos nuestras imperfecciones y nuestra humanidad. Se trata de decidir, esperar, confiar, saber y creer.

Eso no significa que no habrá consecuencias o que debamos abandonar nuestra brújula moral. De hecho, es todo lo contrario. Significa confiar en nuestros instintos e ignorar las expectativas sociales y las reglas no escritas.

Deberíamos cuestionar todo y preguntarnos, ¿quién dice que las cosas tienen que ser así? Recuerda, siempre que eres digno, lo suficientemente bueno y más avanzado de lo que crees.

Todo lo que sucede se suma para ayudarte a alcanzar tus sueños, tanto financiera como personalmente. Ten en cuenta que todo es por tu bien y siempre el universo está dispuesto a posicionarse en tu favor; solo es cuestión de fe.

Tienes el poder de decidir cómo quieres que sean las cosas para ti. En este mismo instante estás haciendo un cambio favorable en tu ser interior. Si crees en estas cosas, te verás muy diferente en la vida. Tus expectativas, estándares y metas cambiarán notablemente.

Es hora de ser fuertes, confiadas y firmes en lo que elijamos ser. Es el momento de avanzar hacia el logro de tus mayores esperanzas, sueños y llamados, sin aceptar nada menos.

Fíjate en lo que tus creencias limitantes dicen que no puedes tener. Quien diga que no eres capaz de conseguir lo que quieres miente, yo soy una muestra de ello. A pesar de las adversidades he podido progresar apuntando siempre hacia lo más alto.

Quien diga que el dinero te cambia y te hace infeliz miente también. El dinero me dio las fuerzas y los medios para fortalecer mi corazón y mis esperanzas. El dinero ha sido una oración viva y una extensión de buena voluntad, amor y poder para crear el mundo en el que quiero vivir.

El dinero no es malo. El dinero es poder. Necesitamos poner el dinero en las manos de las personas más amables, bondadosas y caritativas que vivan con la intención de marcar una diferencia positiva en el mundo.

Puedes confiar en ti mismo para recibir y liberar dinero de acuerdo a tu pasión, deseo y propósito. El dinero responde a tus pensamientos, sentimientos y creencias al respecto. Una gran visión requiere grandes recursos.

Para atraer el dinero a mi vida hice cambios importantes. Comencé a enfocarme más en el resultado final que deseaba y menos en el proceso. Cambié mi enfoque diario para que mis esfuerzos diarios sean estratégicos y con propósito. Simplemente dejé girar mis ruedas.

La mayoría de las personas no se permiten pedir o recibir más dinero hasta que creen que ya han sufrido o trabajado lo suficiente como para merecerlo. Abrirse a la creencia de que el dinero puede llegar a ti, simplemente, porque eres un ser valioso puede cambiarlo todo.

CAMBIA TU ESTADO

Saber que hay posibilidades ilimitadas en torno al dinero y a tu experiencia financiera y que es una realidad que el dinero te llegará cambia tu estado de energía. Te sientes diferente, ves las cosas de otra manera, hablas diferente y vibras diferente.

Cuando te sientes en armonía con el dinero, creas una nueva realidad con este. Eres responsable de tus pensamientos y creencias generando cambios rápidos que producen grandes resultados. A continuación te mostraré algunos de los grandes cambios que puedes comenzar a realizar ahora:

- Puedes pagar las cuentas llenas de gratitud. Aprecia el agua que bebes, el calor que te mantiene caliente, el auto que te lleva, el aire que respiras gratuitamente. Aprende a valorar y a agradecer por las cosas elementales de la vida que comúnmente pasan desapercibidas.
- También podrías estar agradecido por el dinero que tienes. Si tienes dinero en efectivo a la mano con el que sientes que puedes contar para llevarlo contigo regularmente, ¡es hora de estar agradecido por ello!
- Quizás empieces a concebir la idea de que existe una realidad más positiva para ti en la que el desbordamiento y la abundancia son la norma.
- Puedes elegir tener pensamientos y sentimientos positivos sobre lo que tienes y lo que puedes esperar. Potencialmente, es como si jugaras un partido por el dinero. Puedes comenzar a pensar, sentir y comportarte, incluso escribir un diario, como si ya tuvieras ese dinero.
- Puedes comenzar a deslizar tu tarjeta de crédito con actitud y el pensamiento de que «viene más». Hay dinero en este mundo, aquí y ahora, que se ha desbloqueado con mucho más dinero para llegar a tus manos.

Es hora de prestar atención a la manera como piensas sobre el dinero y los sentimientos que esos pensamientos crean en ti. Tu trabajo es simple: nota los pensamientos no deseados y luego pasa a los pensamientos y sentimientos que te hacen sentir bien, en sintonía y en armonía con el dinero.

CAMBIA LA FORMA EN QUE GASTAS

A medida que eliges gastar dinero es importante observar en qué estado energético creas ese gasto dentro de ti. Es esencial que te sientas bien con lo que gastas.

Gasta como si tuvieras apoyo, haz compras como si hubiera más disponible para ti, compra cosas como si ya fueras una persona rica. Se trata de cómo te comportas mientras liberas dinero.

Dado que casi todo cuesta dinero, es importante que sepas cómo deslizar tu tarjeta, gastar tu efectivo y transferir tu dinero por bienes de una manera que fluya y te resulte cómoda.

Personalmente, me siento bien en cuanto a lo que me da la liberación de mi dinero, lo que hace por mí o cómo me apoya. No hay conflicto dentro de mí cuando gasto dinero, para esto fue creado.

Cuando noto que una cuenta, factura o gasto no me parece correcto, lo analizo desde un punto de vista objetivo. Si no se puede eliminar el gasto, es mi trabajo respaldarlo enérgicamente.

Necesito comenzar a verlo como útil, necesario o como algo que quiero de alguna forma. Una vez más, esto se logra convirtiéndome en el gentil observador de mis pensamientos y energía.

Estoy monitoreando continuamente lo que sucede dentro de mí en relación con el dinero, solo con la intención de mantener mi energía limpia y mi estado emocional de alegría, abundancia y gratitud.

Es tu trabajo sentirte bien con el dinero. Necesitas liberar dinero para tener más dinero. Cuando liberas dinero, generas la consecuencia de ser reemplazado. Dejar ir el dinero solo hace espacio para que ese dinero vuelva a mí... multiplicado.

GASTO INTENCIONAL

Como vamos a gastar dinero de todos modos, te propongo que gastemos intencionalmente y con propósito. Nuestras compras y nuestros gastos son parte de nuestro espacio de creación para recibir más.

Digo que gastamos con la intención de formar y reforzar la creencia de que siempre entra más de lo que sale y que no importa cuánto gastemos, siempre hay más disponible para nosotros, a esto lo llamo desbordamiento.

Después de convertirme en alguien que gastaba dinero a propósito, el hecho de ir de compras inmediatamente se transformó en algo diferente. Hoy soy capaz de entrar a una tienda sabiendo exactamente lo que estoy buscando.

Para mí, esto no significa necesariamente un artículo específico, sino buscar artículos que se sientan duraderos, sustanciales y sostenibles. También elijo solo comprar cosas que realmente amo. Busco artículos duraderos y de alta calidad que me encanten.

Compro sabiendo que elijo ser cálida, apoyada y cuidada. Compro como una mujer digna, valiosa y merecedora de lo mejor. Actúo y me muestro como «una mujer que sabe quién cojones es»

GRANDES COMPRAS + GASTOS DE DINERO QUE «NO TIENES»

La vieja idea es: «se supone que no debes gastar dinero». Especialmente dinero que **no tienes** y especialmente en cosas que **no necesitas**. Como ya lo hemos revelado y desmentido, gastar dinero no es malo.

El gasto te apoya. El dinero está destinado para ser usado y gastado. La clave es esta: gastar de tal manera que cree una expectativa y energía positiva y segura con el dinero.

Gastar intencionalmente desde un estado de gratitud y alegría, mientras declaras lo que significa esta compra para ti y tu futuro es una decisión vibratoriamente positiva.

Compra con el pensamiento de que quieres recibir más y gastar más. Hazlo intencionalmente, sin pedir disculpas y con una profunda confianza en tus capacidades para generar dinero y en la manera que funciona para ti.

Ejemplos de gastar bien son:

- Compras intencionales.
- Gastos que honren tus necesidades y deseos.
- Gasto alineado con tu yo del siguiente nivel.
- Gastos para respaldar tus objetivos de vida y esfuerzos comerciales.

Otro gran ejemplo sería invertir en un programa de entrenamiento o en los servicios de un mentor pagado que viva y trabaje de manera alineada con tu futuro deseado. Esto no significa derrochar dinero, sino gastar en algo que te beneficiará al máximo, potenciando tus posibilidades de generar mucho más dinero de vuelta.

PRINCIPIOS SUBYACENTES

El dinero circulante deja espacio para más dinero porque estás en flujo y no tienes miedo al dinero. Sabes que siempre hay más, así que puedes elegir gastar y recibir libremente.

Gastar (o realizar cualquier acción) como alguien en su próximo nivel ayuda a elevarte a ese nivel. Empiezas a encarnar la versión futura de ti mismo y pasas a tu siguiente nivel más rápidamente.

Tu trabajo, como siempre, es este: sigue tu corazón y confía en ti mismo. Elige lo que tienes que tener. Cuando te sientas inspirado para gastar en algo que te asuste, establece una intención sobre el resultado deseado con respecto a esa compra.

Decide lo que significa para ti y lo que sucederá ahora debido a esta inversión intencional. Te animo a volver al pasado para sentir realmente lo que estás sintiendo en este momento, para estar presente y ser competitivo sin dejar que hablen de ti y de tu futuro.

¿QUÉ HACER CON MIS PENSAMIENTOS NEGATIVOS?

A menudo aparecen pensamientos limitantes que intentan sabotear mi camino a la abundancia, pero tengo la capacidad de detectarlos y decidir que no debo dejarme afectar por ellos.

Cuando surgen este tipo de pensamientos, tienes varias opciones: elegir no seguirlos, jugar o patrocinarlos. A menudo los dejo pasar expresando: «Los noto. Les agradezco por tratar de protegerme. Los dejo pasar. Elijo la idea de mi apoyo y deseos».

El cambio ha sido innegable. Antes era difícil ganar dinero, ahora es muy fácil para mí. Sé que mis pensamientos, creencias, palabras, acciones y energía son el denominador común de todas las situaciones de mi vida. Soy responsable de mi futuro.

No dejes que los pensamientos basados en la duda y temores corran desenfrenados, generando emociones perjudiciales para tu prosperidad. Una vez que los reconozcas, les das paso para irse con su importancia respetada.

Inmediatamente, elige crear nuevos pensamientos, más poderosos y más amorosos. Recuerda que estos pensamientos crean sentimientos, los cuales crean una vibración y esta vibración es igual a tu punto de atracción.

Tu punto de atracción crea tu vida. Vamos a crearla con propósito; tienes el poder de diseñar tu futuro, por ende, eres responsable de tu destino.

Reconoce tu valía, cuán valioso es tu tiempo y trabajo, amplía el abanico de posibilidades para alcanzar una vida de abundancia que traerá plenitud para ti y para tus seres queridos. Cree realmente que es posible y visualiza medidas inspiradoras que te provean de los resultados deseados.

Cuando notes una idea sobre el dinero que te haga sentir incómodo, solo pregúntate: ¿qué pasa si no es correcto?, ¿qué podría ser más real? Una vez que hayas analizado la veracidad de las creencias que anteceden a ese pensamiento, podrás decir: «Estoy listo para verlo de otra manera. Ayúdame a verlo desde otro ángulo». Todo está conectado. Cada vez que lo intentes te sentirás mejor, más fuerte y segura. Tu mente está llena de fe. Sabes que tienes el poder otorgado por la divinidad para ser un creador, todo suma.

En vez de estar activo solo por estarlo. La idea es saber cambiar tu estado interior para crear y atraer consciente e inconscientemente aquello que realmente traiga abundancia, desbordamiento y plenitud a tu vida. Esto no significa que nunca te sentirás mal ni que nunca te llenarás de dudas o tendrás que lidiar con emociones humanas reales.

Simplemente significa que sabrás manejar la situación y tendrás el control de tus pensamientos. Las dudas y los temores ya no regirán tu vida y serás capaz de diseñar tu realidad. Tú sigues siendo responsable, eres extremadamente talentoso, altamente valorado y que, sin lugar a dudas, estás destinado a la grandeza.

EJERCICIO

Te sugiero aplicar las siguientes preguntas para transformar la relación que hasta el momento has tenido frente al dinero, lo que cambiará notablemente tu vida:

¿Cómo quieres que tu dinero trabaje para ti?

Puedes aprender a crear una nueva realidad por ti mismo. Será generada por tus pensamientos y emociones, por lo que automáticamente vibrará con la repetición de la persona que ya está viviendo su realidad financiera deseada.

¿Cómo pensarías y sentirías si ya tuvieras lo que querías?

Escríbelo ahora y se sentirá real. Tu trabajo a partir de aquí es aprender a cambiar tu relación con el dinero. Con el tiempo, podrás cambiar ese estado como desees. Hay muchas maneras de cambiar tu estado de energía, entre las cuales se destacan:

- **Verlo:** haz la meditación escrita, representando o imaginando una nueva realidad.
- **Háblalo:** haz una diatriba inspirada en las conversaciones fingidas que podrías estar teniendo si

ya tuvieras la vida de abundancia por la que te estás moviendo.

- **Escríbelo:** intenta uno o más de los ejercicios de diario. Escribe entradas de diario como si ya estuvieras viviendo tu nueva realidad.

- **Muévete:** mueve tu cuerpo de manera intuitiva, baila, entrena, estírate, mientras sientes intencionalmente las sensaciones de cualquiera de los ejercicios. Moviendo tu cuerpo a través de la danza, el ejercicio o largas caminatas puedes liberar endorfinas, ganar perspectiva y ver las cosas de manera diferente, haciendo espacio para luego pasar a los sentimientos de la realidad deseada.

- Genera pensamientos que estarías experimentando si ya tuvieras lo que quieres.

- Satúrate de la energía de libros como este, inscribiéndote en un curso o aprende de un mentor que haya logrado llegar a donde tú quieres llegar. Comparte lo que sabes con alguien para que se dé cuenta de cuánto has aprendido.

No importa lo que hagas para empezar a sentirte diferente. Simplemente significa que empiezas a sentirte y a ser diferente. Es así, si ya tenías dinero, obtuviste un gran aumento o un increíble salario de nuevo cliente, ¿qué estás pensando, sintiendo y viendo en este momento?, ¿qué sabes con certeza?, ¿qué es verdadero y valioso para ti?

Si tuviera acceso total a la identidad de tu yo futuro siendo una persona rica y completamente empoderada, ¿cómo te sentirías ahora? Cuando quieras algo, imagina tenerlo y experimenta las emociones y sensaciones como si ya te pertenecieran.

Deja que estas sensaciones te envuelvan, te llenen de emoción, de gratitud y te motiven a tomar acción. Confía en que todo está cayendo en su lugar. Sigue practicando y mejorando en sentir las emociones de ese resultado tan deseado.

Aprende a cambiar tu estado mental para que coincida con tu nuevo yo, el cual disfruta de la nueva realidad y tiene sentimientos que respaldan su creación deseada.

«Me gustan las personas que tienen
que luchar para obtener algo.
Los que, teniéndolo todo en contra, salen adelante.
Esta es la gente que me fascina. La gente fuerte».
Isabel Allende

CAPÍTULO III

ABUNDANCIA FINANCIERA

«No pasa nada hasta que tú decides.
Toma una decisión y observa cómo tu vida avanza»
- **Oprah Winfrey** -

Desde capítulos anteriores se han develado falsas creencias que solo nos han hecho ir en dirección opuesta al camino de la abundancia. Estas se han enfocado en dos contextos particulares, siendo de vital importancia identificarlos para desecharlos de nuestras vidas.

Uno de ellos, es el gran engaño que nos han hecho creer, por demasiado tiempo, de que no necesitamos del dinero para vivir y ¡esto es falso! Sin dinero es imposible sobrevivir en este mundo. ¡Créeme, lo necesitas! Y no solo para subsistir, sino para vivir plenamente.

Otro engaño se enfoca en inocular en la mente de la sociedad el sentido de la culpa, bien sea a través de intereses y poderes políticos, culturales o religiosos, a quienes desean buscar la riqueza señalándolos de egoístas, ambiciosos y codiciosos.

Aceptémoslo, hemos sido condicionados para permanecer en la pobreza; pero, nuestro verdadero potencial está diseñado para la abundancia. Contradictorio, ¿no? Ahora es justo el momento de despertar y romper esas cadenas que nos atan a la escasez.

La gran verdad es que estamos diseñados para generar riqueza. Ten en cuenta que las personas que han logrado alcanzar niveles elevados de abundancia económica nunca se conformaron con poco y están en la permanente búsqueda de siempre ir por más.

Somos capaces de ser exitosos en todos los aspectos de nuestras vidas, especialmente en el ámbito económico. Ahora, la pregunta es: ¿merezco abundancia financiera? La respuesta es un gran y contundente ¡SÍ!

MEREZCO ABUNDANCIA FINANCIERA

A partir de este momento quiero que te enfoques en creer que ya eres abundante financieramente y que eres merecedor de ello. Solo de esta manera tus pensamientos se alinearán con la infinidad de posibilidades y acciones que te llevaran a lograrlo.

Para hacerlo, te sugiero seguir estos pasos:

- Vamos a crear una nueva historia de dinero. Antes de comenzar a acumular riqueza es necesario sanar nuestra relación con este. Repite a diario: «El dinero es el medio que me permite acceder a aquello que deseo». Luego, piensa, cree y siente cómo el dinero llega a tu vida para darle solución a cada uno de esos problemas que hasta el momento te afectan.

- Haremos ejercicios para subir nuestro termostato financiero. Todos los días de tu vida mira, trabaja y alimenta tus pensamientos de abundancia, los cuales te permitan crear ideas sobre lo que puedes hacer, crear, tener y llegar a ser en esta vida.

TÚ CONTROLAS LO QUE SUCEDE EN TU VIDA

El pasado solo importa tanto como tú lo decidas. De una manera más clara, lo que elijas crear a partir de este momento de tu vida no está determinado por tus errores financieros del pasado, por cuánto debes o cuánto dinero hay en tu cuenta bancaria. Si quieres alcanzar abundancia financiera es importante que te centres en el aquí y en el ahora, pensando en el presente con una gran visión de futuro.

Pensar de esta forma te permite ver el contraste entre la vida que vives y la que deseas vivir. Esta visión te puede enseñar, motivar, inspirar y ayudar a decidir quién quieres ser y quién no. Lo que fuiste y tuviste ayer no tiene por qué definir tu futuro. El pasado tendrá poder sobre ti solo si se lo permites. Recuerda, el poder se lo otorgas tú.

Lo que siempre debes tener presente no es lo que fuiste, sino lo que eres. Valora las capacidades y dones que posees. Eres creación para la abundancia. Te lo mereces porque eres parte de ella.

¿Por qué lo afirmo? Estoy convencida de ello ya que todo empezó conmigo cuando descubrí que en mis manos estaba mi destino. De esta forma, comencé a reorganizar mi vida, mis expectativas y mis estándares. Primero, reorganicé cómo pensaba sobre mí misma. Esto transformó drásticamente cómo la gente interactuaba conmigo, cómo funcionaba mi vida y mi dinero.

Aprendí que tenía el poder de cambiar cualquier cosa que me sucediera cambiando la energía que le ponía a cada una de ellas; una vez hice esto, cosas maravillosas comenzaron a sucederme. ¡Soy testimonio de la manifestación de este don! Y esa habilidad también habita dentro de ti.

Usa el grandioso poder que posees para reorganizar a tu favor cualquier situación cambiando tu percepción y opinión sobre ella, esto hará que enfoques todo tu amor, tu energía y la forma como te sientes para transformar esa realidad.

Los paradigmas, las construcciones y las historias de personas como tú, y como yo, pueden cambiar en un instante. Puedes transformar a tu favor cualquier situación con energía y determinación, y así empezar de nuevo.

¿Te sientes estancado en tu situación actual? ¿Estás listo para tomar el control de tu vida y crear la vida grande y expansiva que deseas? Si es así, es hora de redefinir quién eres, qué representas y cómo las circunstancias de la vida pueden funcionar a la perfección para ti.

He visto a personas transformar sus vidas tomando decisiones poderosas. Todo comienza con dos decisiones: decidir que eres digno y decidir que lo que quieres es posible.

Entiendo que puede ser difícil sentirse digno, especialmente si te han enseñado a concentrarte en lo que es realista, lógico, práctico y visiblemente posible.

Sin embargo, si quieres lograr una vida abundante y expansiva, especialmente en el ámbito económico, es momento de renunciar a las metas que son prácticas y lógicas.

Comienza a pensar de manera amplia y expansiva y a tomar decisiones desde esta perspectiva. Recuerda, tú tienes el control de lo que aceptas y lo que no aceptas en la vida.

Tú determinas lo que creas a través de tus palabras, emociones, energía, decisiones, elecciones y acciones. Tienes el poder y la responsabilidad de determinar lo que sucede a partir de aquí.

Cada mañana al levantarte, o en cada instante de tu día, se te presenta la hermosa oportunidad de tomar las riendas de tu vida, enseñándote cómo pensar en ti.

La forma en que te consideras a ti mismo y cómo te tratas determina, en última instancia, cómo pensará y te tratará el resto del mundo. Así, cada acción que realizas, cada compra, te informa sobre quién eres y hacia dónde vas.

Ten en cuenta esto, los sentimientos que eliges al comprar y luego usar ese artículo. Lo que importa son los sentimientos que ese artículo en particular provoca en ti. No se trata del monto en dólares de la ropa. Se trata de cómo te sientes cuando compras.

En cada momento de cada día, te estás enseñando a ti mismo cómo pensar en ti. Cada acción que realizas y compra que haces reafirma quién eres y hacia dónde vas. Particularmente, recuerdo cuando me decía a mí misma: «El dinero está llegando.

Viene más. Viene más y más, ¡y más! Está aquí, ¡es mío! El «cómo» llegará no es mi responsabilidad. Entonces, me libero y confío. Dominar el dinero se trata de elegir intencionalmente tus pensamientos y sentimientos sobre este.

Los pensamientos que reafirmas en repetición se convierten en tus creencias. Las creencias que tienes determinan tus expectativas energéticas. A su vez, esta energía determina cómo funciona el mundo contigo y cómo te responderá.

La forma en que la realidad trabaja contigo y te responde es creada por la dinámica y los paradigmas que elijas. Todo comienza y termina contigo. Solo depende de ti si decides o no usar ese poder.

DEJAR DE LUCHAR EN TU CONTRA

Como te habrás dado cuenta, confío plenamente en que eres una persona digna, poderosa, capaz y lo suficientemente buena para tener una vida de éxito, plenitud y prosperidad. A la luz de eso, diré algo que mucha gente nunca te dirá: «no te pasa nada».

Abrázate fuerte, con los brazos arropando tu cuerpo ampliamente, siente amor por ti. Créelo, ¡eres un ser extraordinario! Estoy aquí para ayudarte a crear una experiencia completamente nueva con el dinero.

Esto significa que también se requiere una experiencia completamente nueva con la forma en que te relacionas contigo. Es hora de aceptar que todo sobre ti, tu vida y tu historia, está a punto de ser utilizado para tu bien.

En este momento, te invito a que repitas conmigo: «Todo es por mi bien... Está todo a mi favor». Hazlo una y otra vez, especialmente cuando debas enfrentar una situación complicada.

Cuando mi educación formal comenzó a sentirse como una muerte lenta y dolorosa, y la carrera que estaba cursando se sentía empapada de aburrimiento y carecía de propósito, decidí tomar el riesgo y reinventarme.

La siguiente frase me ayudó a reconciliarme conmigo misma, a enfocar mi energía y a tomar la fuerza suficiente para salir adelante y alcanzar el éxito: «Hay algo mejor para mí. Soy como soy a propósito. No hay nada malo conmigo».

POSIBILIDADES ILIMITADAS

Solo después de que comienzas a abrirte a posibilidades ilimitadas y a la idea de que las cosas funcionan perfectamente para ti, puedes cambiar de perspectiva en cada circunstancia que se te presenta y encontrar la motivación necesaria para buscar nuevas oportunidades.

Entonces, ¿estás lista para dar un paso hacia algo diferente? ¿Estás preparada para tomar el control de tu vida y crear la vida grande y expansiva que deseas? Si es así, comencemos...

DECISIONES DE UN MILLÓN DE DÓLARES

Alguna vez te has preguntado ¿cómo puedes generar un millón de dólares? ¿Te sientes capaz de lograrlo? Tu respuesta depende de dos tipos de decisiones que has tomado en cada acción de tu vida.

Quiero que aprendas a identificarlas para que puedas elegir aquellas que te lleven directo hacia una vida expansiva y de abundancia. Decisiones millonarias frente a decisiones de escasez.

Una decisión millonaria, que te pondrá en sintonía para que el dinero fluya directamente hacia ti y seas capaz de generar un millón de dólares, es aquella que:

- Crea tiempo y energía.
- Libera espacio mental.
- Reduce la basura insignificante y crea espacio para las cosas que te importan.
- Te permite sentirte fuerte, seguro y libre.
- Crea opciones en lugar de eliminarlas.
- Crea en ti la sensación de que tu vida se expande en lugar de contraerse.

En cambio, una decisión de escasez es aquella que produce en ti justamente la sensación opuesta:

- Roba tu tiempo y energía.
- Agota el espacio mental.

- Aumenta las tonterías y las prioriza por encima de tus mayores deseos.
- Te hace sentir débil, insegura y atrapada.
- Elimina opciones en lugar de crearlas.

El camino para convertirte en una persona millonaria está pavimentado con decisiones valientes, vigorizantes, deleitables que priorizan tu bienestar y tu riqueza. Cuando las sigues, beneficias a todos los que te rodean y, en realidad, esto es lo opuesto a ser egoísta. La clave es que tienes el poder de elegir la decisión que te llevará a la quiebra o al millón de dólares, todo depende completamente de ti.

Solo tienes un tipo de decisión para elegir y, la suma de estas elecciones, enrumbarán el destino que tome tu vida. Entonces, si en este momento no sientes plenitud y satisfacción con la forma en que vives, debes revisar el conjunto de elecciones que te llevaron a ese resultado.

Simplemente comienza a tomar decisiones diferentes y empezarás a vivir una vida diferente. La elección te ha llevado a esta vida y la decisión que elijas te sacará de ella.

¿POR QUÉ LAS MUJERES TOMAN «MALAS» DECISIONES SOBRE EL DINERO?

En general, las mujeres hemos sido condicionadas, por generaciones, para agradar a los demás. Esto ha creado en nosotras una necesidad común de buscar continuamente aprobación y siempre «caer bien».

La simpatía de las mujeres es una necesidad humana innata y tiene graves consecuencias monetarias. ¿No es cierto que estamos dispuestos a renunciar a casi cualquier cosa para agradar a los demás?

La respuesta es un enorme SÍ. A continuación te detallaré las razones por las que tú y yo, sin percatarnos de ello, tomamos decisiones desacertadas frente al dinero por pensar en los demás antes que en nosotras mismas:

- Si queremos tener el tipo de poder, agencia y libertad financiera que disfrutan los hombres, y a un ritmo mucho mayor, entonces debemos dejar de diluir nuestras habilidades, talentos, liderazgo y habilidades para hacer dinero a fin de complacer a los demás.

- Ser querida no depende solo de ti o de lo que hagas. Las personas en realidad te apoyan, te aceptan y te quieren exactamente por lo que eres. Hay un grupo de personas que creen en ti, quiere más para ti y te inspira para ir a buscarlo. No es la versión educada diluida.

- El deseo de complacer a los demás está tan arraigado en nosotras que debemos preguntarnos a diario:

«¿qué haría si fuera una chica mala?», para poder practicar la escucha de nuestros propios deseos.

TOMANDO ACCIÓN

Toma un diario y escribe en la parte superior de la página la frase que te mencioné anteriormente: «¿qué haría si fuera una chica mala?» Escríbelo, sin importar si viene a tu mente cuán «malo» sea. Permítete explorar tus verdaderos deseos y no solo lo que la sociedad te ha enseñado a creer, desear, decir y ser.

Atrévete a ser esa versión empoderada y fabulosa que está escondida dentro de ti. Toma la decisión de salir de ese estado de limitación, teniendo en cuenta lo siguiente:

- Pasamos el rato con personas que están tomando decisiones en un estado de escasez.

- Vivimos en un entorno de escasez.

Ahora es justo el momento en el que puedes llevar a cabo tu propia desintoxicación ambiental. Pregúntate:

- ¿Cómo me hace sentir esto?

- ¿Cómo está influyendo en mi estado de ánimo?

- ¿Me da energía o me hace sentir agotada?

Cuestiónate, al pensar que si esta cosa en mi entorno pudiera hablar, ¿qué me estaría diciendo? Si te está diciendo «estás arruinada», debes tirarlo, donarlo o hacerlo desaparecer, reemplazándolo inmediatamente con algo que te haga sentir rica y exitosa.

Incluso cosas como comprar flores para ti, sentarte al sol, eliminar el desorden, tomar una siesta, encender una vela aromática, leer un buen libro y tomar un baño de burbujas pueden hacerte sentir rica, aunque no cuesten mucho. Mejorar el entorno se trata de tomar decisiones que te hagan pensar, sentir y disfrutar momentos increíbles.

LÍMITES PARA CREAR UNA VIDA MARAVILLOSA

Es de suma importancia que puedas identificar los elementos, acciones y actitudes que limitan que el dinero fluya hasta ti, impidiéndote alcanzar una vida de abundancia.

¿Con qué propósito? Detectar para eliminar todo aquello que no sea favorable para tu vida. A continuación te presento un ejercicio que te permitirá identificar con mayor facilidad cada una de ellas:

- Límites dentro de mí. Es momento de ver en tu interior para identificar aquello que te afecta a tal punto de no permitirte avanzar. Las siguientes preguntas te servirán de guía: ¿qué tipos de pensamientos alimento diariamente?, ¿cómo me veo a mí misma?, ¿cómo me siento al auto-percibirme?

- Límites en casa. Detente por un momento para analizar cada una de las acciones y circunstancias que vives a diario en tu hogar. Puedes apoyarte en estas preguntas: ¿qué estás tolerando en casa?, ¿qué te desagrada?, ¿cuáles circunstancias te producen frustración?

- Límites en el trabajo. Recuerda: ¿cuáles situaciones te hacen sentir incómoda?, ¿qué te limita a expresarte libremente?, ¿qué circunstancias te impiden demostrar todo lo que sabes y eres capaz de hacer?

El propósito de establecer límites es que aprendas a defender tus intereses, a proteger tu energía y cordura, por lo tanto, sentirte más alegre, poderosa y llena de dinero. Los límites te ayudarán a enriquecerte brindándote alegría, tiempo y paz. Sin embargo, para que los límites funcionen debes hacerlos cumplir. Establecer límites claros es una solución que te permite controlar la manera como te afecta el comportamiento de otras personas.

Los límites no se tratan de decir NO a otras personas, sino de decirte SÍ a ti misma. Esto es ser una mujer con límites.

No necesitas ser controladora ni enojarte (aunque puedes) o gritar y llorar, cosas que son totalmente opcionales.

Todo lo que necesitas es un límite definido para proteger tu energía, emociones, corazón, tiempo, alegría, trabajo, cordura y dinero. Tienes pleno derecho a establecer y defender tus propios límites, pero también es exclusivamente tu deber hacerlo. ¿Sabes por qué? Porque no es trabajo de nadie más protegerte.

Lo que importa es que tienes la elección de crear límites para proteger tu tiempo, dinero, esfuerzo, trabajo, amor, felicidad y bienestar general.

HACER CUMPLIR TUS LÍMITES

Si estás siendo amable cuando no quieres serlo, en realidad solo estás mintiendo. Para hacer cumplir tus límites es posible que también tengas que ser menos generosa. No obstante, es importante reconocer la diferencia entre ser generoso y ser aprovechado.

La solución es establecer límites claramente comunicados para protegernos de las acciones y malos tratos de otras personas. Debes dejar de temer a decir «sí» a lo que quieres y «no» a lo que no deseas. Una vez comunicados tus límites debes hacerlos cumplir para alcanzar adecuadamente tu propósito.

ESCUADRÓN PODEROSO

«Encuentra un grupo de personas que te desafíen e inspiren, pasa mucho tiempo con ellos y cambiará tu vida»
-Amy Poehler-

Los resultados son claros: las mujeres necesitan de otras mujeres empoderadas que les inspiren a salir adelante. En el momento en que empezamos a sacrificar nuestros propios pensamientos, intereses y deseos para encajar en un molde, perdemos.

Seamos sinceras, nunca encajaríamos ni deberíamos querer encajar, sencillamente porque cada ser humano es único e irrepetible. En la medida en que valoras y aceptas aquellas características de ti misma que te hacen única, vibrarás en armonía con tu entorno.

No debes fingir ni esforzarte por seguir a los demás, sino atraerlos a ti siendo tú misma. Observa tu entorno y te darás cuenta que cada hombre y mujer de éxito tienen algo en común, expusieron al mundo justamente lo que los diferencia.

Si como mujeres dejamos de ser nosotras mismas, negando nuestra esencia y limitando nuestro poder pretendiendo ser alguien que no somos, ello nos impedirá ocupar posiciones de liderazgo y generar riqueza a largo plazo.

Como mujer, única e irrepetible, eres parte del escuadrón del millón de dólares, solo debes creerlo y sentirte como tal para comenzar a actuar en consecuencia. En este sentido, ahora te estarás preguntando si esta o aquella persona con la cual te estás relacionando hoy te inspira a ser parte del escuadrón del millón de dólares, considera lo siguiente:

- ¿Esta persona trae riqueza, energía, poder, paz y/o alegría a mi vida de manera constante?
- ¿Esta persona trae riquezas financieras a mi vida?
- ¿Esta persona trae riquezas emocionales a mi vida?
- ¿Esta persona me ayuda a escalar la montaña del millón de dólares, acercándome cada vez más a la cima o me está arrastrando hacia las profundidades?
- ¿Me siento segura de que puedo agregar algo mágico a la vida de esta persona?
- ¿Esta persona me empuja a construir mi escuadrón del millón de dólares?

¿Puede el dinero comprar la felicidad? Bueno, una investigación de Harvard lo demuestra. Si estás usando tu dinero para comprar ayuda doméstica y eliminar los residuos de tu plato (también conocido como «recuperar tu tiempo»), entonces, ¡sí!, el dinero compra la felicidad.

- **Delegar, palabra clave para futuros millonarios.** Aprender a delegar es un paso esencial para convertirse en millonario. Deja de matarte por una causa y convéncete de que se sirve mejor a ella cuando utilizas el talento que te rodea. Si no estás delegando, no estás liderando. Debes ser una líder para generar riqueza. Y si otros te «odian» luego de que contrataste a un asistente, ese es un problema que ellos deben resolver con su terapeuta, pastor o ambos.

- **No tomes nada personal.** Lo que otros piensen o crean de ti tiene cero por ciento que ver contigo y cien por ciento con sus propios problemas emocionales. Bendícelos y deséales lo mejor en su viaje de autodescubrimiento.

Aprender a delegar y a no tomarte nada personal es un paso esencial para convertirte en una mujer millonaria. Aprende a tener conversaciones incómodas, pero necesarias con tus empleados. Dominar estas habilidades es esencial, no solo para obtener la libertad financiera que tanto anhelas, sino también el estilo de vida que deseas.

Ciertamente, eres una mujer capaz que merece lo mejor. Si en este momento no dominas estas habilidades, no significa que no puedas aprenderlas. Necesitas creer en el enorme potencial que tienes y el valioso ser humano que eres.

LA MUJER ABUNDANTE

¿Cómo construir mi escuadrón poderoso? Me di cuenta de que necesitaba poder confiar en mí misma para liberarme. Lo llamo liberar, puesto que gastar e invertir simplemente no me parecía la palabra correcta y realmente no es nada más que liberar.

Es simplemente dejar ir poco o mucho dinero a la vez. Decidí sentirme cómoda liberando una gran cantidad de dinero con la plena confianza de que se repondría. Esto al principio me asustó. Sin embargo, cada vez que libero una gran cantidad de dinero, tengo la sensación de que simplemente estoy haciendo las cosas que hace una mujer abundante.

La mujer abundante confía en sí misma para gastar. Tiene plena confianza en sí misma para ahorrar, sabe que siempre hay más disponible y que lo que libera puede regresar. Ella confía en sí misma para funcionar a un nivel muy alto con el dinero y juega al siguiente nivel antes de estar lista.

La mujer rica se eleva a sí misma. No sabe cómo va a llegar, a donde va o cómo va a lograr que funcione, pero sigue adelante en busca de sus objetivos.

La mujer rica camina, se recompone, hace lo suyo, cree que es suficiente para que todos los demás puedan creerlo también. No se encoge, no se hace pequeña ni culpa a los demás. Ella tiene el control de su propia vida, está co-creando con Dios.

Esta mujer siempre está trabajando en algo, con una fuerza de amor y expansión que es mucho más grande que la opinión que otros pueda tener de ella. Confía plenamente en que algo más grande está trabajando junto a ella.

Ella se muestra tal cual es, asume la responsabilidad de su vida y enfrenta las dificultades necesarias para transformarse a su favor. Esa mujer rica es valiosa y auténtica, es como tú.

Así es, en ti habita esa mujer rica. No la límites y deja que fluya en tu vida. Las áreas que deseas dominar o mejorar requerirán a que te enfrentes a nuevas aristas que antes pensabas eran imposibles para ti.

Las compras que para mí son muy normales y cómodas hoy en día, eran alucinantes y angustiosas hace cinco años. Lo mismo sucede en los negocios y el amor. El siguiente nivel da un poco de miedo. Luego, lo normalizas. Entonces, ¿estás lista para un nuevo siguiente nivel?

Nuestra salud financiera, riqueza y evolución están destinadas a avanzar continuamente. Tienes la capacidad de manejarlo, puedes crecer económicamente y dirigir cualquier negocio que desees, solo necesitas preparación y apoyo. ¿De quién?

Puedes solicitar el apoyo de agentes inmobiliarios, corredores bursátiles, prestamistas, administradores de patrimonio y de planificadores financieros, *coaches*, estudios académicos y de ti misma. Lo importante es que, como mujer, establezcas claramente tus metas.

Algo que no debes olvidar es educarte y fortalecer tu autoestima permanentemente. Debes confiar en ti misma por encima de la opinión de todas las personas que creen imposible que puedas lograr lo que deseas.

Puedes escuchar sus consejos y opiniones, pero solo hacer lo que sientas que es correcto y alineado para ti. Sin embargo, nunca te dejes afectar por comentarios o actitudes limitantes de personas externas a ti que quieren anclarte a la escasez haciéndote sentir incapaz.

No existe una única forma de generar riqueza o volverte rica. Lo mejor de todo esto es que existen infinidad de opciones. La expansión está disponible. La riqueza es sostenible. Eres capaz y puedes avanzar hacia todos tus deseos, incluso aquellos que parecen estar fuera de tu alcance en este instante.

EJERCICIO

Es momento de profundizar en las acciones que hoy, como mujer rica, exitosa y empoderada, está en tus manos hacer. Busca tu diario personal y escribe las siguientes preguntas:

¿Qué tipo de mujer quieres ser cuando se trata de gastar dinero? ¿Cómo pasa? ¿En qué gastas? ¿Cómo se siente gastar en estas cosas?

Siente los sentimientos que sean tuyos, imagínalos y visualízalos hasta que experimentes una sensación de plenitud o satisfacción en tu mente, cuerpo y espíritu.

Si no hubiera nada malo en ti, ¿cómo te sentirías? ¿Qué significaría eso? ¿Qué te permitirías seguir haciendo de ahora en adelante y recibir en este momento?

Si una evolución positiva y perfecta para convertirte en una mujer rica (o lo que quieras ser) fuera inevitable para ti, ¿por qué dejarías de preocuparte ahora? ¿Qué empezarías a cambiar naturalmente y automáticamente para ti ahora?

Si creyeras plenamente que el cómo no es tu responsabilidad, ¿qué sería cierto ahora del dinero?

¿Hay algo en tu vida en lo que estés participando como un medio para un fin? ¿Cuál es el resultado final de aquello que realmente quieres? ¿Tienes que hacer otras cosas primero para tenerlo?

Te animo a pedirle a tu poder interior que te muestre y te guíe por el camino con menor resistencia, para que puedas recibir más de lo que quieres y con mayor facilidad.

¡Si confías en ti, en tu esencia de mujer, sabrás que todo es posible!

CAPÍTULO IV

MANEJANDO LAS DEUDAS

«El temor es un interés que se paga
por una deuda que no tienes»
- John Maxwell -

Durante siglos, una infame estrategia ha sido utilizada por grupos de poder para el control de las masas... infundirles miedo. Esto se ha empleado sistemáticamente y, muy especialmente, en las mujeres para socavar su seguridad y autoestima.

Por largo tiempo se ha instaurado en las mujeres la idea de que somos pésimas administradoras, incapaces de controlarnos ante la tentación de gastar dinero. Además de falsa, esta es una creencia descabellada.

Muestra de ello es el testimonio, real y actual, de millones de mujeres que han fungido como el único sustento del hogar por diversas razones, bien sea porque son madres solteras, viudas, divorciadas o por decisión propia.

Lo cierto es que estas mujeres han demostrado no solo ser eficientes en el manejo de las finanzas del hogar, sino que han sido capaces de mejorar notablemente el futuro y la calidad de vida de sus seres queridos.

A este grupo elitesco, enfocado en sus propios intereses, no le resulta conveniente admitir que se podrían mejorar las condiciones económicas del mundo si se les diera prioridad a las mujeres en el manejo de las finanzas, puesto que siempre apuntalarán hacia el bien común.

La sociedad actual debe entender que no tienen mala suerte quienes no han encontrado la prosperidad económica y que tampoco están destinados a permanecer en la pobreza toda su vida.

Para administrar eficientemente su dinero necesitan capacitación de calidad en materia financiera y, especialmente, persistencia para transformar sus pensamientos de escasez a fin de crear una mentalidad de abundancia.

MIS DEUDAS NO ME DEFINEN

En este capítulo deseo ayudarte a desechar temores sin fundamento desarrollando una estrecha relación con el dinero y las deudas para que, de ahora en adelante, el dinero fluya de forma desbordada a tu favor.

Para comenzar te invito a explorar un poco en tu ser y descubrir cómo se encuentra tu relación con el dinero en este momento; para ello responde las siguientes preguntas:

- ¿Por qué tengo deudas?
- ¿Qué dicen las deudas sobre mí?
- ¿Cuál es mi estrategia para salir de deudas?

Es hora de perdonarnos por pensar que somos «malas con el dinero» puesto que no es nuestra culpa. Necesitamos sanar nuestra relación con el dinero para que podamos dajar de producir bajos ingresos y convertirnos en millonarias.

El dinero está destinado a ser usado, disfrutado y celebrado. Lo que debemos hacer es comenzar por arreglar nuestros propios sistemas financieros personales y así llegar al punto en el que podamos distribuir la riqueza.

A continuación, te pido que me acompañes a analizar, uno a uno, los siguientes hechos:

- **Hecho 1**: avergonzarse de sí mismo, o a otra persona, para que se comporte de manera diferente, no genera cambios. En pocas palabras, la autoaceptación es la forma más efectiva y amorosa de comenzar a crear nuevos patrones, percepciones y una nueva realidad.

Es hora de liberar nuestra culpa y vergüenza sobre quiénes somos o deberíamos ser, y nos apropiemos de nuestro valor inherente como persona.

- **Hecho 2:** una vibración de uno u otro no es la vibración más alta disponible. La vibra con la que quiero que juegues, sientas y que te brindará posibilidades ilimitadas es la fe. ¿Qué pasa si no se requiere ningún sacrificio?

No estoy diciendo que en la manifestación, creación y recepción de tus sueños no habrá trabajo, decisiones ni fuerza de voluntad involucrada. Estoy diciendo que creer que deben suceder cosas malas para que se creen cosas buenas no es la única opción.

Por el contrario, lo más seguro es que se estaría atrayendo la escasez de ese modo. Se puede creer en cosas buenas para que suceda algo extraordinario. Elige la abundancia y confía en las facultades que te ha dado la providencia divina.

- **Hecho 3:** forzar algo no cambia, en absoluto, tu estado energético. Lo que quiero que entiendas es que lo que hayas logrado en cada área de tu vida es, en gran parte, el resultado de tu vibración.

La manera como se encuentran todas las áreas de tu vida financiera, familiar, laboral y amorosa han sido producto del complemento vibratorio que generaste para cada una de ellas.

La gran verdad es que eres responsable de tu vibración. La creas en cada momento con tus pensamientos, palabras, actitudes, acciones, expectativas e imaginaciones. Se puede transformar fácilmente, poco a poco, a medida que se crea una perspectiva de un mundo completamente nuevo para ti.

Lo diré de nuevo: eres digna gracias a que eres una creación divina, preciada y hecha a la perfección, eres MUJER. Tu pasado financiero y tus hábitos de dinero actuales no tienen absolutamente nada que ver con lo que eres, obtienes y eliges hacer desde ahora.

Es momento de perdonarte a ti misma. Deja ir todo el pasado. Vive principalmente en tu mente y en el ensayo que tienes contigo misma del futuro abundante y pleno que sueñas y mereces tener.

NADA SIGNIFICA NADA

Cuando me refiero a la frase «nada significa nada» es al hecho de que las cosas por sí mismas no tienen valor alguno, el verdadero significado se lo damos nosotros. Somos quienes hacemos que algo signifique.

El valor que tú o yo le asignemos a las cosas dependerá directamente de nuestro sistema de creencias, especialmente cuando se trata del dinero. Es justo en este elemento que nos han implantado creencias que nos llevan a entrar en discordia con este.

Personalmente, me enfoqué en explorar mi viejo sistema de creencias referentes al dinero y me dispuse a desestimar dogmas de temores infundados para crear nuevas perspectivas enfocadas en la abundancia y la prosperidad, tales como los que te compartiré a continuación:

- Creo en tener intimidad con el dinero.
- Creo en saber cuánto dinero tengo, así como cuánto se necesita para vivir, administrar mi empresa y pagar mis cuentas.
- Creo en ganar y recibir mucho más de lo que se necesita.
- Creo que merezco una vida digna, llena de abundancia y plenitud.
- Creo que el dinero será el medio que me permitirá desarrollar nuevos y mejores proyectos para mi vida.
- Creo que, gracias a la abundancia económica que ya poseo, podré ayudar cada vez a más personas.

Ahora mismo es un buen momento para crear tu nuevo sistema de creencias enfocada en el dinero y la riqueza. Cada instante es el momento perfecto para comenzar. El **cómo hacerlo** no es tu responsabilidad. Tu trabajo, amiga mía, es concentrarte en el deseo.

Enfócate en cómo se sentiría tenerlo. Debes concentrarte en eliminar las creencias limitantes y en convertirte en un partido vibratorio o energético para tus resultados deseados.

Cualquier pensamiento que te ayude a sentir o creer que te puede llegar más dinero es un buen pensamiento. ¿La lección? El dinero siempre está tratando de llegar a ti. ¡Tu libre albedrío es poderoso!

Por el contrario, cualquier cosa que te haga sentir que una nueva realidad es tremendamente imposible y que nunca podría hacerte feliz debe ser examinada, agradecida y liberada. Al creer que algo no es posible para ti, levantas una barrera entre tú y esa cosa.

De esta manera es como le has impedido al dinero llegar hasta ti. Créelo, el dinero es un recurso hecho para ayudarte y no anulará tu libre albedrío. Imagínate y proyéctate en una relación de armonía e intimidad con el dinero.

Visualiza a la gente, abierta, encantada y dispuesta a pagarte. Como propietaria de un negocio, sueña que eres alguien que tiene un flujo interminable de clientes. Piensa siempre que le agradas a las personas y que a todo el mundo le encanta darte dinero, ¡y sucederá!

Cuando te acostumbras a una cierta cantidad de ganancias, ahorros o deudas, existe la opción de comenzar a sentir que esa cantidad es confiable y estándar para ti. Puedes bloquearlo como un punto de ajuste energético.

Soy un ser humano, una mujer, que aún está recorriendo su camino de superación con creencias limitantes por liberar. Pero, los cambios que ya he aplicado a mi vida me han dado resultados extraordinarios.

HABLEMOS DE LA DEUDA

Muchos expertos financieros hablan de las deudas como si fueran algo para avergonzarnos, temer, evitar a toda costa o erradicar lo más rápido posible de nuestras vidas. La deuda no es nada de lo que debamos avergonzarnos, es solo un estado del flujo del dinero.

El problema no es tener deudas, sino dejar de generar ingresos. Las deudas son solo evidencias de que se necesita dinero para suplir nuestras necesidades, solo eso.

No tenemos por qué satanizar la idea de adquirir una deuda si esa acción nos permitirá generar bienestar, adquirir conocimientos y desarrollar capacidades que contribuyan a producir cada vez más dinero. Cuando una deuda está bien fundamentada en un objetivo claro y de desbordamiento, se convierte en una gran inversión.

CONSIDERA POR QUÉ TIENES DEUDAS

Es la hora de analizar tus finanzas. Si tienes en este momento cualquier cantidad o tipo de deuda, considera lo siguiente: ¿para qué las adquiriste?, ¿por qué tienes deudas?, ¿realmente las necesitas?

No debes temer a expresarte con sinceridad. No debes avergonzarte de la manera en que manejas tus finanzas. No tienes deudas por ser «estúpida» o «descuidada», todo lo contrario. Existen otras razones por las cuales muchas mujeres también tienen deudas:

- Porque son inteligentes y están comprometidas con la educación.
- Porque se preocupan profundamente.
- Porque están dispuestas a correr riesgos.
- Porque aman ferozmente.
- Porque son generosas.
- Porque cuidan a su gente.
- Porque son humanas.

Además, no olvides que es probable que tengas deudas simplemente porque eres una mujer (o una mujer de color) que se enfrenta a las realidades de la opresión financiera sistémica.

Quiero aclararte que este no es un pase gratis para acumular deuda, sino un reconocimiento de que no todos nos endeudamos por razones estúpidas. Es importante no castigarse por tener deudas para poder liberarse de ellas.

La vergüenza solo te abrumará y de hecho, hará que sea más difícil eliminar cualquier tipo de deuda. Cuando ves tu deudas, bajo la luz de la inversión, bien sea en un negocio, una empresa, en salud o educación, puedes ver que la deudas no es algo de lo que debas avergonzarte.

¿Te avergüenzas de intentar mejorarte a ti misma o de cuidar a tu familia? ¡No! Entonces, no te avergüences de las deudas.

Tu deuda representa las grandes lecciones que has aprendido (que no tienen precio) y todas las formas en que has invertido en ti misma. Tu deuda es una representación monetaria de tus mejores cualidades, no de las peores. Ponte a prueba para ver tu deuda bajo esta nueva luz.

PARA ELIMINAR LA DEUDA, ENFÓCATE EN EXPANDIRTE, NO EN REDUCIRTE

A las personas a menudo se nos ha enseñado que la mejor manera de borrar la deuda es recortar gastos y apretarse el cinturón aún más. Es común que siempre escuches frases desgastantes y discriminatorias tales como: «¡Deja de beber tantos *lattes*! ¡Deja de comprar todos esos zapatos! ¡Contrólate, tonta y frívola mujer!».

Esto es una tontería absoluta y patriarcal. Estos «consejos financieros» son en realidad solo la voz de hombres blancos ladrando a las mujeres y diciéndoles que no merecen tener lo mejor. La realidad es que tienen un temor ENORME a enfrentar a una **mujer empoderada**.

Buscarán amilanar sus sueños y aspiraciones a toda costa, para ello usan frases como las siguientes: «Saca las cosas buenas de tu vida. Debes escatimar y ahorrar, sé frugal. Reduce tus ambiciones. Hazlo con menos. Haz tu vida más pequeña».

Esto no solo es ofensivo, sino ridículo, y estoy harta de esto. Usemos la lógica. Considera que si dejas de beber tu café con leche diario de 4 dólares solo ahorrarás alrededor de 1,460 dólares por año.

En lugar de decirles a las mujeres «prívate y deja de tomar un buen café y podrás ahorrar 1,460 dólares al año», deberíamos decirles a las mujeres «cree en ti misma, comienza a pensar en grande y averigua cómo puedes comenzar a generar 1,460 dólares adicionales al año, mereces disfrutar de ese buen café».

Ahora, esa es una conversación mucho más emocionante y fortalecedora. Y es más probable que marque una diferencia real en tus resultados. Piensa: ¿cuál de estas dos opciones te hará millonaria?

- Opción A: Reducción.
- Opción B: Expansión.

Puedes pasar cinco horas esta semana enfocándote en cómo reducir tu presupuesto al mínimo, o puedes pasar cinco horas de esta semana elaborando un plan para generar 1,500 dólares adicionales a través de tu nuevo ajetreo... ¡tú decides!

Cuando te enfocas en expandirte, estás tomando una decisión de un millón de dólares, que cambia tu situación financiera para siempre. El pensamiento de escasez engendra más pensamiento de escasez, mientras que las ideas que generan abundancia te llevarán a la prosperidad.

Deja de tratar cada dólar como si fuera el último y desafía tus creencias limitantes sobre el dinero. Te prometo que puedes y eres capaz de ganar tanto o más dinero del que crees que puedes.

Esto ha sido comprobado por empresarios como el famoso inversor, escritor, conferencista y orador motivacional estadounidense Robert Kiyosaki en su libro *Padre rico, padre pobre*: «La principal diferencia entre una persona rica y una persona pobre es la manera en que manejan el miedo».

LA DEUDA NO ES EL DIABLO Y EL AHORRO ES SEXY

La deuda no es buena o mala. La deuda es una opción para pagar algo con el tiempo. La culpa o la vergüenza, sin importar qué tan bien intencionadas sean, no crearán un cambio duradero y sostenible.

Si deseas cambiar los patrones en torno a lo que ganas, lo que gastas, cuánto ahorras y la cantidad de deudas que tienes, debes darte permiso para ser honesta sobre cómo te sientes y qué quieres. Sé honesta contigo misma acerca de tus prioridades. Debes ser cada vez más clara y específica en tus deseos.

La pregunta más útil del mundo que puedes hacerte es: «¿qué quiero?». Es imposible crear lo que quieres cuando no sabes con certeza lo que deseas. Tus deseos, puntos de vista y sentimientos son clave en la toma de decisiones. Por esta razón es esencial que adquieras estos dos hábitos:

1. Saber lo que quieres.
2. Encarnar los sentimientos de que ya obtuviste lo que quieres.

No tengo ninguna duda de que, a partir de esto, cada área de tu vida (incluidas tus finanzas) seguirán creciendo y cambiando de una manera desbordada.

Tus deseos son la guía que siempre te indica la dirección correcta y los pasos de acción que debes tomar. Reconoces, aceptas y actúas según el poder que tienes en tu vida. Eres **creadora** porque siempre estás a cargo de tu vida.

Eres tu propia creación continuamente moldeable. No puedes recibir nada que no creas que puedes tener.

Entonces, pensar, imaginar, ver y sentir ya realizado lo que deseas como tuyo es ahora la máxima prioridad.

NO ERES UNA EGOÍSTA

Cuando se trata de la historia de las finanzas personales, nunca un villano ha sido retratado tan horriblemente como la deuda. La deuda no es una fuerza sobrenatural que inflige la ruina financiera mientras te condena a la perdición y deshace tu futuro fiscal.

Es necesario hablar sobre lo que estamos pensando sobre la deuda, por qué estamos pensando tanto en ella y dónde colocar nuestro enfoque. En su lugar; ¡deja de darle el poder a la deuda y otórgale tu mayor energía a la abundancia!

Cuando dejas de hacer que signifique algo como «gastar dinero ahora en cosas que pagarás con el tiempo», puedes quitarte la presión de encima y de lo que ésta deuda significa para ti y tu futuro.

El hecho de que tengas deudas, si las tienes, no significa nada sobre ti, tu valor o tu éxito futuro. Eres lo suficientemente buena y digna de tus deseos. Eres digna de las cosas que usaste para obtener una tarjeta de crédito o un préstamo.

Toma el tiempo necesario para vincular tu trabajo con el servicio. Contribuye con lo que haces para apoyar a otras personas. Recibir apoyo para ayudar a otros es el mejor servicio para el mundo. Recuerda, eres una mujer digna, inteligente y talentosa. Todo pensamiento limitante está siendo eliminado, ¡ahora!

- No arruinarás tus finanzas ya que tienes la capacidad de generar desbordamiento económico.
- Podrás salir del otro lado, libre de deudas.
- No estará mal tener deudas ni tampoco estás obligada a no tenerlas.

A nivel personal, yo, Catalina, decidí fundamentar mis pensamientos en una razón sólida para pagar mis deudas:

- Decidí no preocuparme por eso.
- Enfoqué todos mis esfuerzos en sentirme más cómoda con los nuevos niveles de ganancias y mayores cantidades de tiempo sentada en mis cuentas. He visto a varias personas manifestar gastos por el monto exacto de la deuda que pagaron, cuando no abordaron la parte energética de esta conversación.
- Decidí ser siempre honesta conmigo misma sobre el hecho de que en realidad no deseaba tanto pagar la deuda.

No estaba ignorando la deuda, sino que era más consciente de lo mucho que tenía (creo en tener intimidad con el dinero). Simplemente estaba haciendo que la deuda significara nada. Ganar y gastar eran mis deseos y me permití vivir mi vida de acuerdo con esos deseos.

Mi verdadero sueño era hacer crecer mi negocio, ganar mucho dinero, viajar por el mundo y comprar las cosas que quería. ¡Y eso es lo que pasó! Empecé a sentir realmente que siempre tendría más que suficiente dinero a mi disposición y así mi deuda comenzó a disminuir.

Ganar más no solucionó esto. El presupuesto no solucionó esto. Gastar menos no solucionó esto. La energía que puse en el dinero para atraerlo y generar desbordamiento ¡sí que hizo una gran diferencia!

Podría haber ganado más y más dinero y, aun así, tener una tonelada de deudas. La gente hace eso todo el tiempo y, a menudo, esto se debe a que no se sienten dignos de recibir dinero ni de su estilo de vida. En cambio, yo amo el dinero.

Me encanta el flujo de caja. Me atrae la idea de recibir mayores cantidades de dinero con el tiempo. Entonces, al vincular lo que amaba con la desaparición de la deuda tenía algo que realmente podía respaldar.

Mi abundancia naturalmente borró mi deuda. Tener más que suficiente hizo que mi deuda fuera irrelevante. Mi desbordamiento eliminó mi deuda. Recuerda, el dinero se trata de energía.

Cuando te enfocas en el dinero, respaldado por una razón sólida, por supuesto que el dinero se expande para ti. Fue así como no me enfoqué en la deuda y concentré toda mi energía en el desbordamiento, en que obtendría más que suficiente.

A medida que me enfocaba fuertemente en mi deseo de crear **desbordamiento** o **más que suficiente** con mi intención de tener la capacidad de comprar una hermosa casa multimillonaria en el futuro, la deuda se volvió irrelevante.

Me concentré en ganar mucho más de lo que podía gastar, la deuda se eliminó naturalmente de mi vida y los ahorros aumentaron continuamente. Cuando vives, gastas, actúas, ganas y recibes con la expectativa de más dinero del que sabes en qué destinar, creas algo muy poderoso.

Es tu creencia en el sistema, no el sistema en sí mismo, lo que hace que funcione. Al creer que todo marcha a tu favor y para bien de todos, podrás instaurar una nueva realidad, crearás la vida que soñaste. Así podrás verte a ti misma como la persona que no tiene deudas y encarnarás esto cada vez más.

De lo contrario, este sistema siempre será un complemento vibratorio para lo que deseas. Si no puedes imaginar un mundo donde no tengas deudas, o se siente imposible para ti, o crees que este trabajo simplemente no puede funcionar... entonces no permitirás que se libere la deuda.

Es vital que puedas experimentar la sensación de **tener ya** lo que deseas. ¡Míralo, imagínalo, siéntelo! Elige saber que eres digna de ello y luego atraélo. Tu trabajo sigue siendo, y siempre será, CREER.

Cambia tus estándares energéticos en torno a la deuda. En su lugar, decide para qué estás destinada. El dinero es ilimitado, hay infinitas maneras de crear más y más ingresos de manera desbordada. ¡Serás una mujer próspera y plena!

¿Te imaginas una vida en la que tuvieras más dinero que el suficiente? Piénsalo... más que suficiente para cubrir TODA la deuda que tienes y todavía tener un superávit en tu cuenta bancaria.

Para ayudarte a crear una verdadera experiencia te sugiero guiarte de las siguientes preguntas:

- ¿Cómo podría sentirse ese desbordamiento económico en tu vida?
- ¿Puedes describir esos sentimientos ahora?
- ¿Puedes sentir en tu cuerpo cómo es tener más que suficiente?
- ¿sientes como cierta, la sensación de *confort,* bienestar, los olores y sensaciones a tu alrededor?
- ¿Puedes sentir esa satisfacción?

Por último, expresa con firmeza: «Lo hice, lo hice, lo hice». Ya eres un partido energético para lo que deseas. Cada vez que el miedo o la duda floten en tu conciencia, regresa a este momento y reafirma tu intimidad energética con el dinero.

EJERCICIO

Escribe una carta de agradecimiento a tu deuda.

Anota diez cosas positivas que la deuda haya traído a tu vida.

Di «gracias» a cada cosa, ya sea una experiencia, una posesión o tal vez una lección costosa, pero valiosa. Cuanto más puedas ver tu deuda con gratitud, más ligera se sentirá y más rápido podrás avanzar para ascender en tu vida.

CAPÍTULO V

SISTEMAS DE ABUNDANCIA

«Ahorrar no es solo guardar,
sino saber gastar.»
- Anónimo -

Cuando recuerdo mis años de juventud en la universidad, utilizaba constantemente mi tarjeta de crédito como una vía de escape a los desafíos de estar en bancarrota.

No pasó mucho tiempo antes de que adquiriera tarjetas de crédito adicionales que me tentaban con endeudarme muy por encima de mis posibilidades. Los intereses se acumularon y, peor aún, mis ingresos mermaban cada vez más.

Eventualmente, comencé a pagar tarde y luego a fallar en los pagos. Antes de darme cuenta, tenía un puntaje de crédito terrible. No solo tenía las deudas de mi tarjeta de crédito sin pagar y mi puntaje de crédito supremamente bajo, pero regularmente hacía giros excesivos en mi cuenta bancaria.

Estaba tan acostumbrada a sobregirarme en mi cuenta bancaria que, con el tiempo, descubrí exactamente qué historias tristes funcionaban bien con los representantes del servicio al cliente del banco. ¡Tenía el guion memorizado!

Cada vez que mi cuenta bancaria se sobregiraba, llamaba para manipular y restituir mi situación financiera con mi triste historia a fin de que revirtieran los cargos. Lo realmente triste era que, a menudo, mis extravagantes historias eran completamente ciertas.

Como puedes imaginar, este ciclo vicioso era realmente agotador y vergonzoso para mí, además desperdiciaba la capacidad mental que poseía sin haberla usado en descubrir cómo ganar más dinero.

Yo era una persona ambiciosa y estaba enfocada en obtener la educación que necesitaba para avanzar en mi carrera; pero, mientras tanto, no sabía cómo ganar y administrar dinero.

Algunas veces salía a comer con un grupo de amigos y ellos pedían jarras de bebidas elegantes y aperitivos «para la mesa». Entre tanto, yo, literalmente, sudaba a través de mi camisa preguntándome si mi cheque de alquiler rebotaría después de pagar esa comida.

Le entregaba mi tarjeta de débito al mesero mientras mi estómago se revolvía esperando a que volviera. Oraba en silencio a Dios para que mi tarjeta fuera aprobada y no tener que pasar «vergüenza», frente a todas esas personas, al escuchar que fue RECHAZADA.

Eran momentos verdaderamente aterradores para mí. Cada vez que mi tarjeta era aprobada le daba gracias a Dios y luego me iba a casa a ver qué factura podía posponer. Podría tener estrés postraumático por todos esos momentos de declive.

Cada declinación de mi tarjeta de crédito se sentía como la ruina de mí misma. Era una muestra de mi constante lucha por llegar a un mejor estado económicamente, pero siempre fracasando en cada intento. Un descenso de mi orgullo, ambición, esperanzas y sueños para un día dejar de vivir en esa constante lucha.

Lo que esos años en la ruina me enseñaron es que el dinero es esencial para vivir con dignidad, además que escasea y gastar dinero sin propósito ni control solo para disfrutar el momento conduce directamente a la pobreza y la humillación.

Incluso ahora que he descubierto el juego del dinero, cómo atraerlo, manejarlo, y multiplicarlo, podía volver a caer en el pensamiento de escasez cuando me sentía desafiada por una situación financiera. La escasez engendra escasez. Al final del día, de eso se trata, de ser «buena con las finanzas» y de confiar en ti misma y en tu relación con el dinero.

La riqueza es importante, es algo que debe crearse a lo largo de generaciones y está hecha de activos que aumentan de valor. Comencemos arreglando nuestros propios sistemas financieros personales para que podamos llegar a un lugar en el que seamos capaces de distribuir la riqueza. Planifica la vida financiera que deseas, no la que tienes.

Lo trágico es que si no estás dispuesta a mirar tu dinero, hablar sobre este, hacer un plan para crear sistemas que generen cada vez más dinero, entonces eres tú quien ha creado tu propia prisión financiera y te mantienes en ella cumpliendo una cadena perpetua por elección.

Cuando se trata de limpiar tus finanzas, la parte más difícil es simplemente comenzar. Tienes que dar ese primer paso para que las cosas se muevan en la dirección correcta.

Para ti, dar el primer paso podría ser iniciar sesión y ver el saldo de tu cuenta corriente, ver esos números y enfrentarlos en lugar de evitarlos, enviar un correo electrónico a un preparador de impuestos profesional para consultar sobre cómo contratarlo o averiguar cuánta deuda posees.

Cuando decidí que quería salir de ese círculo vicioso de deudas interminables, creé una hoja de cálculo de todas esas deudas que poseía y las pagué lentamente, una por una, hasta que se terminaron todas. Todo comenzó simplemente armando esa hoja de cálculo y enfrentando mi realidad.

Ese primer paso puede desencadenar todo tipo de emociones incómodas: vergüenza, culpa, una ola de ansiedades reflejadas en manos y palmas temblorosas o una sensación de malestar en el estómago. Ciertamente, preferirías hacer literalmente cualquier cosa menos esto.

Ese primer paso podría ser de las peores experiencias. Sin embargo, es como quitarse un gran peso de encima. Una vez que lo hagas, finalmente, te darás cuenta que eso no fue tan horrible como temías. Cuando ya los has hecho, puedes decir con toda libertad... ¡ahora puedo seguir adelante!

DESTRUYE EL MURO DE LA VERGÜENZA

Entonces, ¿qué te impide dar ese primer paso? Lo más probable es que sean tus propios pensamientos. Sí, sientes una vergüenza intensa por tu situación financiera, igual que millones de personas.

Esta vergüenza se convierte en un muro de ladrillos masivo, sólido e impenetrable que te impide tomar medidas y obtener la ayuda que necesitas. Debes encontrar la manera de romper este muro o te quedarás atrapada para siempre.

A continuación, puedo mencionarte algunos pensamientos limitantes, sombríos y llenos de vergüenza que podrían estar afectándote en este momento hundiéndote en la más decadente escasez:

- Mi puntaje de crédito es prácticamente -200, ¡Abismal!
- Tengo 5 dólares en mi cuenta corriente. ¡Soy un payaso! ¡Una broma!
- No tengo ahorros. ¡Tengo deudas de préstamos estudiantiles, deudas de tarjetas de crédito! Probablemente tenga otras deudas de las que ni siquiera estoy al tanto porque las borré de mi mente o dejé de abrir facturas hace meses.
- No he pagado impuestos en dos años y el IRS, probablemente, pronto comenzará a enviarme cartas aterradoras.
- Soy un DESASTRE con D mayúscula.
- Mi situación es un desastre. Incluso si trabajo duro, nunca saldré de este agujero. Estoy más allá de la ayuda.

Si estás pensando de esa manera, ¡necesitas pisar los frenos y detenerte! Ese tipo de pensamientos son improductivos y solo te mantienen deprimida, atrapada y sin esperanza. ¡Tira a la basura este tipo de pensamientos de tu mente y comienza a hablarte de manera diferente!

Aquí te compartiré algunos pensamientos motivadores que te serán de gran utilidad. Estas frases, veraces y empoderadoras, te ponen en movimiento y en sintonía con el dinero, en lugar de mantenerte atascada en la escasez:

- Mi puntaje crediticio no es muy bueno, ¡esa es la verdad! No obstante, puedo mejorar. Si sigo tomando medidas, las cosas cambiarán en la dirección correcta.
- No tengo mucho en mi cuenta corriente, ¡todavía! Aunque estoy decidida a ampliar mis ingresos. Este año ganaré más que nunca.
- No tengo ahorros, ¡todavía! Eso está a punto de cambiar. ¡Mírame, mundo!
- Tengo deudas, está bien, ¿y qué? Millones de personas tienen deudas. El gobierno de los Estados Unidos tiene deuda. ¡Prácticamente todo el mundo tiene deudas! Puedo trabajar para pagarlo. La deuda no me convierte en una «mala» persona.
- Hace tiempo que no pago impuestos/facturas/préstamos/etc. Estoy detrás. Eso es real. Solo que ¿adivina qué? No soy el primer ser humano que se atrasa en los pagos ni seré el último. Esto sucede y está bien. Estoy creando un plan para ponerme al día y se siente bien tomar medidas al respecto.

- Todavía no estoy donde quiero estar. Pero tengo una visión clara de hacia dónde quiero ir. Todos los días, puedo tomar decisiones millonarias que llevaran a mi vida soñada y en la dirección correcta. Las cosas están mejorando... ¡Lo mejor está por venir!

Habla contigo misma de manera diferente y poco a poco tu muro de la vergüenza se derrumbará haciéndose polvo, ¡para siempre!

¿POR QUÉ HACER UN PRESUPUESTO?

Los presupuestos pueden ser alegres. Mientras limpias y sistematizas tus finanzas, no invites a la vergüenza a la fiesta. Invita a la esperanza y a la alegría.

Es importante hacer un presupuesto porque te permite tener un control sobre tus gastos y evitar excederte en tus ingresos. Al hacer un presupuesto, puedes planificar cómo vas a utilizar tu dinero y asegurarte de que estás cubriendo tus necesidades básicas antes de gastar en cosas no esenciales.

Además, hacer un presupuesto te ayuda a establecer metas financieras realistas a largo plazo, ahorra dinero, evita deudas y te prepara para imprevistos financieros. En resumen, el presupuesto es una herramienta esencial para llevar una vida financiera saludable y responsable.

Lo más importante al hacer un presupuesto es ser realista y detallado. Debes tener en cuenta todas tus fuentes de ingresos y todos tus gastos, incluyendo los gastos fijos mensuales y los gastos variables. Es importante también establecer objetivos financieros a corto y largo plazo, como ahorrar para diferentes metas financieras o para unas vacaciones.

Además, es recomendable ser flexible y estar dispuesto a ajustar el presupuesto según sea necesario para adaptarse a los cambios en tus circunstancias financieras. Tener un presupuesto personal es indispensable porque nos ayuda a:

- **Analizar nuestros gastos:** un presupuesto nos permite ver cuánto dinero estamos ganando y cuánto estamos gastando. Con esa información, podemos hacer ajustes para evitar gastar más de lo que realmente podemos permitirnos.
- **Establecer prioridades:** un presupuesto nos obliga a pensar en nuestras necesidades y deseos, lo que nos ayuda a establecer prioridades. Podemos asignar el dinero a los gastos más importantes primero y luego considerar los gastos menos urgentes.
- **Planificar para el futuro:** un presupuesto nos permite planificar para el futuro, ya sea para una emergencia o para objetivos a largo plazo como comprar una casa o jubilarse.

En consecuencia, tener un presupuesto personal es fundamental para controlar nuestras finanzas, alcanzar nuestras metas financieras y tomar mejores decisiones de gasto.

- Haz una lista de tus ingresos regulares: incluye tu salario, ingreso por trabajo independiente o *freelance*, rentas de propiedades, y cualquier otra fuente de ingresos regular.
- A continuación, haz una lista de tus gastos regulares: esto incluye gastos de vivienda, comida, ropa, transporte, entretenimiento, facturas de servicios públicos, etc.
- Calcula cuánto gastas cada mes en cada categoría de gastos: trata de que sea lo más preciso posible. Asegúrate de incluir todos los gastos, incluso aquellos que parecen pequeños.
- Suma el total de tus ingresos y gastos mensuales: esto debe darte una idea de si estás gastando más de lo que ganas o si te queda algo de dinero sobrante cada mes.
- Identifica áreas en las que puedes reducir tus gastos: si notas que gastas demasiado dinero en ciertas categorías, piensa en maneras de reducir esos gastos.
- Establece metas financieras realistas: esto podría incluir ahorrar para pagar deudas o ahorrar para un objetivo específico (por ejemplo, una casa o un auto nuevo).

- Crea un plan de ahorro: decide cuánto dinero quieres ahorrar cada mes y para qué. Por ejemplo, podrías ahorrar el 10 % de tu salario para invertir y el 5 % para tus vacaciones.
- Revisa tu presupuesto regularmente: asegúrate de que estás cumpliendo tus metas y ajusta tu presupuesto según sea necesario.

Recuerda que hacer un presupuesto personal puede tomar un poco de tiempo, pero es una excelente manera de tomar control de tus finanzas y asegurarte de que estás gastando tu dinero de manera inteligente y efectiva.

¿CÓMO DIVIDIR UN PRESUPUESTO PERSONAL?

La división del presupuesto personal varía según las necesidades y prioridades de cada persona. Sin embargo, aquí hay una guía general de porcentajes recomendados:

- Gastos esenciales (alquiler, hipoteca, servicios públicos, transporte, comida): 50 % - 60 %
- Ahorro e inversión: 10 % - 20 %
- Deuda (tarjetas de crédito, préstamos estudiantiles, préstamos de auto): menos del 20 %
- Ocio y entretenimiento: menos del 30 %

Es importante tener en cuenta que estos porcentajes son solo una guía y que pueden variar según tus ingresos, estilo de vida y objetivos a largo plazo. Es importante ajustar tu presupuesto para tus necesidades y metas individuales.

Realiza un seguimiento de tu patrimonio neto. Por incómodo que sea, saber cuál es tu patrimonio neto (activos financieros totales menos pasivos financieros totales) y el seguimiento mensual es importante si deseas generar riqueza, aunque comience con un gran número negativo.

Si sigues los consejos de este libro comenzarás a ver que ese número mejora significativamente con el tiempo. Verlo una vez es informativo. ¿Con qué propósito? Esto te permitirá observar cómo cambian mensualmente tus finanzas. Las decisiones financieras que hayas tomado recientemente influirán para que tomes más y más decisiones millonarias.

Esta es una forma de escuchar, todos los meses, la música que te hará generar un estímulo automático para convertirte en esa mujer millonaria que deseas. También te recomiendo realizar un seguimiento de tu puntaje de crédito.

Tu puntaje de crédito no tiene nada que ver con tu valor. Cuanto mejor sea tu crédito, más acceso tendrás al capital para hacer cosas como arrendar oficinas, comprar una casa, financiar compras grandes como un automóvil o un nuevo equipo para tu negocio y obtener un préstamo comercial o una tarjeta de crédito.

No todas las deudas son malas. La deuda me ha ayudado a construir diferentes negocios. Las deudas han sido una herramienta de apalancamiento para construir. Cuanto más controles tu crédito y puedas ver qué ocasiona que tu puntaje de crédito suba o baje cada mes, te verás influenciada para tomar decisiones financieras que te llevarán a la abundancia.

Investiga la incorporación y abre una cuenta bancaria comercial. Si quieres ser una millonaria, tu mayor oportunidad de hacerlo rápidamente es como propietaria de un negocio.

Los millonarios vigilan su dinero como halcones. Crea el hábito de verificar los saldos de tus cuentas bancarias y las transacciones recientes todas las mañanas.

Establece un recordatorio de calendario, si es necesario. El control diario es importante para que puedas detectar problemas antes de que surjan y para que puedas notar patrones en gastos y ganancias. Los patrones te darán ideas sobre cómo mejorar la forma en que administras tu dinero.

Establece una cita semanal y placentera con tu dinero. Durante este tiempo, revisa tus libros y tus últimos informes contables. Anota cualquier patrón que observes y has notas personales después de mirar los números.

Luego, dedica algún tiempo a examinar tus creencias limitantes. ¿Qué historia de dinero te has estado contando últimamente? Examina esos pensamientos y replantéalos en pensamientos más útiles y positivos.

En lugar de enfocarte solo en qué hacer con los ingresos limitados que tienes, tomando atajos y ahorrando cada dólar que puedas, quiero que te concentres en ganar más. Sí, en GANAR MÁS. ¡Qué concepto tan revolucionario!

En lugar de gastar muchas horas y energía considerando las mejores formas posibles de dividir tu cheque de pago, quiero que consideres cómo puedes ganar más dinero ahora mismo, dedicando tiempo a pensar en todas las formas posibles en que puedas aumentar sus ingresos.

Es importante que consideres cómo gastar tu dinero y realizar un seguimiento de tus gastos para saber qué está pasando con tu dinero y qué tan bien te está funcionando. Si quieres convertirte en millonaria, concéntrate mucho más en tu capacidad para ganar más.

A veces, ganar más requiere que te endeudes temporalmente. Los gurús de las finanzas personales odian la deuda y la desaconsejan en todas las circunstancias. Sin embargo, especialmente para las mujeres, las deudas son a veces la única forma de realizar inversiones que aumenten su potencial de ingresos.

Debes confiar en ti misma, en tus habilidades y en el hecho que en el mundo existen millones de posibilidades esperando por ti. ¡Eres más poderosa de lo que puedes imaginar! Siempre hay una manera de hacer que suceda.

No necesitas un montón de campanas y silbatos elegantes para ganar dinero. Todo lo que necesitas es una oferta clara, una forma de informar a las personas sobre esta oferta, un precio y una forma de aceptar los pagos.

Sin embargo, la mujer rica gasta y gasta bien. Confía en sí misma para tenerlo, por lo que no tiene necesidad de gastarlo todo. Sabe que honrando su dinero se honra a sí misma. La mujer rica, más allá de que le lluevan dudas sobre su cabeza, se mantiene enfocada en niveles y capas de riqueza. Ella siempre piensa que «todo es posible».

EL DINERO SE SIENTE Y TE INVITO A SENTIRLO

Te invito a que repitas lo siguiente y te enfoque es sentir que ya tienes una gran suma de dinero en tu cuenta bancaria:

Yo, [di tu nombre], me siento apreciada y apoyada por el dinero. Siento que tengo un defensor y un aliado. Me siento retenida y amada por la abundancia, lo permito, le hago espacio, le doy la bienvenida y me encanta. Hoy, siento y sé que, literalmente, tengo más dinero del que sé qué hacer con él.

Recuerda, el dinero no puede sentirse como algo por sí solo. Solo puede reflejar y magnificar nuestros sentimientos al respecto. Se siente como tú decides que lo haga. Traes estos sentimientos a tu cuerpo para crear abundancia.

CREA MÁS DINERO DEL QUE SABES QUÉ HACER CON ÉL

Lo gracioso de decidir y dar el paso de tener más dinero del que sabes qué hacer con él es que, ciertamente, encontrarás cosas que hacer con él. Las posibilidades para ti son infinitas. No hay límites en lo que puedes tener, hacer, generar, crear, convertirte y ser.

Llegar a un estado de usarlo todo o de necesitar/querer más dinero (o más de cualquier cosa) no significa que lo estés haciendo mal, significa que estás llamada a expandirte. Realmente fuiste hecha para la grandeza. Tus deseos, de hecho, te están guiando.

Fuiste creada para la mejor vida y para tenerlo todo. Realmente puedes hacerlo y tu siguiente nivel te espera. Entonces, **¡ve a buscarlo**! Repite conmigo: «El trabajo del dinero es venir a mí, quedarse conmigo, apoyarme y hacer lo que yo le diga, quiera que haga o necesite que haga».

No se trata solo de manifestar dinero, se trata del futuro para el que te estás preparando continuamente y la confianza que te sirve independientemente de lo que esté sucediendo en el mundo. Recuerda, el dinero no está limitado y nosotros tampoco.

Es normal experimentar conflictos internos en la vida. Si no estás acostumbrada a tener más dinero del que sabes qué puedes hacer con él, necesitarás reconciliar y reorganizar cualquier creencia o idea dentro de ti que respalde la vida abundante que estás creando.

Tal vez siempre has tenido dinero y te has sentido culpable por ello. Es hora de aclarar eso. Utiliza las habilidades de este libro para identificar cualquier miedo, culpa o vergüenza que no te sirva o apoye hacia la dirección que estás eligiendo seguir, reorganízalos y decide cuál es la verdad para ti.

DONAR

Cuando dar se siente bien para ti, creas buenos resultados en tu vida. En pocas palabras, es una energía muy diferente dar por miedo o por obligación que dar por deseo y generosidad. Como todo lo demás, es la energía con la que haces las cosas, y no las cosas en sí, lo que crea los resultados.

Los sentimientos que sientes en tu cuerpo, las creencias que tienes en tu corazón y las ideas que piensas mientras das te dicen si es la contribución alineada para ti. En otras palabras, **dar libremente es recibir libremente**. No te preocupes por cómo volverá a ti esa generosidad.

Mantente alineado con las acciones que sabes que son adecuadas para ti y observa cómo la vida te cuida. Tomándolo más profundo, de seguro surgirán conflictos internos debido a tus antecedentes, experiencias pasadas y las limitaciones de los sistemas opresivos.

Puede ser necesario un trabajo interno muy intencional, continuo y diligente para creer, poseer y encarnar completamente este hecho. Estas son las cartas que nos han repartido. Creo que es nuestra tarea colectiva del alma jugar estas cartas de manera diferente a los que nos precedieron.

Soy firme en esto, ¡estamos destinadas a prosperar! Sin importar lo que hayan dicho sobre nosotras mismas, nuestras comunidades o nuestras posibilidades. Estamos hechas para ser dueñas de nuestras vidas. ¡ESTAMOS CREADAS PARA LA GRANDEZA!

La victoria de alguien no significa la pérdida de otra persona. El éxito de una persona no es igual al sufrimiento de otra persona. Necesitamos personas con un gran corazón, con mucho dinero y la intención de cambiar el panorama financiero de este mundo.

Es nuestro trabajo marcar el comienzo de iluminar a las generaciones eliminando tantas barreras y pensamientos limitantes sin fundamento. Es hora de inclinar la balanza y crear un nuevo mundo de personas empoderadas que tengan realidades alegres y emocionantes con el dinero, para que todos podamos vivir vidas dignas.

EJERCICIO

Indicación del diario: Si fuera posible ser una persona rica y buena, ¿qué te permitirías tener? ¿Qué sabrías y creerías ahora sobre el dinero? ¿Hay algo en particular que te gustaría hacer con tu dinero? ¿Una forma en la que te gustaría mantenerte a ti misma? ¿O para devolver?

Escritura libre: ¿Qué se siente tener dinero? Respóndelo en primera persona y en tiempo presente. Escríbelo como si ya te hubiera pasado. ¡Ahora es tuyo! Siéntelo en tu cuerpo, mente, corazón y energía. Escríbelo desde una energía de decidir, declarar y saber.

CAPITULO VI

LA MUJER ABUNDANTE

«Ignoramos nuestra verdadera estatura
hasta que nos ponemos de pie»
- Emily Dickinson -

Hemos llegado al punto clave de este libro, esta es la llave que te permitirá abrir la puerta de la abundancia y convertirte en una MUJER INMENSAMENTE ABUNDANTE, en esa dama que siempre has querido ser: libre, resoluta, sonriente que destila seguridad en cada uno de sus gestos y mirada.

La buena noticia es que ¡ya eres esa hermosa mujer! Todas estamos llamadas a ello, ese sentimiento corre por nuestras venas y está presente en nuestros genes. Recuerda, como mujer, eres una creación preciosa, con talentos y habilidades por descubrir.

Como lo expresa de forma sucinta el refrán popular: «No todos somos buenos para todo, pero todos somos buenos para algo». Es el momento de abrir el cofre del tesoro que te permitirá alcanzar la abundancia que tanto deseas y para la cual estás llamada.

¿Sabes dónde se esconde ese cofre del tesoro? Deja de ver en el exterior y enfócate solo en TI. ¡Tú eres ese valioso tesoro! Explora diariamente en tu maravilloso ser y descubrirás cada día dones, talentos, sentimientos, emociones, carácter, valores y habilidades inmensamente poderosas.

Es momento que decidas ponerte de pie y dejar de esconderte. No fuiste creada para ocultarte de los demás como si no existieras. Muéstrate tal cual eres, eres valiosa. Posees una esencia que te hace única. Deja de tratar de parecer igual al resto solo para encajar en esta sociedad.

Tu valor está en lo que eres como ser humano. Recuerda, eres una mujer talentosa que necesita compartir esos dones, talentos y sentimientos con el mundo y mereces dejar tu huella en este. Recuerda, ¡vales y mucho!

El primer paso es desechar viejos patrones que te han llevado a ser un modelo de mujer que no eres tú. Enfócate en descubrir quién eres y cómo deseas vivir de ahora en adelante. Justo ahora, en este instante, es cuando comienzas a redescubrirte.

¡Créeme, esta es una experiencia fabulosa! Al empezar a ver dentro de ti descubres lo que eres, lo que quieres y todos los valores y características que posees y te hacen una mujer valiosa.

¿Cómo puedes empezar a encarnar a la mujer que llevas dentro de ti? ¿Cómo puedes dejarla emerger ahora mismo? Es momento de empezar a adoptar los siguientes hábitos que alimentarán el espíritu de esa hermosa mujer que llevas dentro, invitándola a salir y mostrarse al mundo:

- **Ámate:** deja de lastimarte a diario con frases que menosprecian y destruyen tu autoestima y humanidad. El amor propio es la clave, no solo para aceptar quién eres en sentido estricto, sino para valorar a ese ser extraordinario que eres en sentido amplio. Por ello, comienza a tratarte bien. Mímate, halágate, alimenta tu espíritu y autoestima con frases positivas que empoderen tu ser. Date confianza de ser y sentir tal cual eres, sin matices ni caretas, anímate a ser solo tú.

- **Tienes que sentirte millonaria para ser millonaria:** deja solo de desear llegar algún día a ser millonaria porque ya lo eres. Dentro de ti hay una diva esperando que la dejes salir para demostrar todo su potencial y de lo que es capaz. Comienza a sentir y respirar ese aire de grandeza, riqueza y prosperidad que no viene del exterior, sino que brota de ti. Eres un manantial de abundancia que puede generar cada día, y cada vez, más y más dinero.

- **Para alcanzar el éxito, necesitas sentirte exitosa:** te invito a hacer un pequeño ejercicio. Por un instante, deja de ver fuera de ti en búsqueda de mujeres a las cuales admirar y comienza a mirarte. Explora en tu ser ¿quién eres?, ¿qué quieres?, ¿qué te gusta? Date la libertad de descubrir quién es ese maravilloso ser que habita dentro de ti. Comienza a contabilizar, sí, escríbelo, qué cualidades posees, cuáles son tus habilidades, qué te caracteriza, qué acciones te hacen sentir satisfacción. Ahora, enuméralas.

Dedícale el tiempo necesario a este pequeño ejercicio. Apenas estamos en la punta del iceberg del proceso para descubrir todo tu potencial. Cada persona pasa por sus propios procesos, así que date la libertad de vivirlos. Ríe si lo deseas, llora o dialoga contigo misma.

Al observar detenidamente ese papel te darás cuenta de que no tienes razón alguna para seguir maltratándote a ti misma, sintiéndote menos valiosa que los demás o incapaz de alcanzar la riqueza y, a su vez, convirtiéndote en esa mujer millonaria que estás llamada a ser.

¿QUIÉN ES LA MUJER CON UN MILLÓN DE DÓLARES EN EL BANCO?

Las mujeres necesitan tomar acción en sus vidas para redescubrirse y llegar a ser ellas mismas. Toda la acción no está fuera, sino dentro de ti. Es a partir de ti cuando surgen las ideas, las visiones y los actos que te llevarán a la abundancia.

Comienza a sentir y a tratarte como lo haría la versión más exitosa de ti misma. Aprovecha tus deseos para empezar a crear tu futuro. Decídete a ser esa «mujer millonaria» ¡AHORA! Venimos del redescubrirte y de empoderar esa autopercepción de ti, es momento de ir a la acción.

Para ello, debes empezar a transformar tus hábitos y costumbres adoptando un comportamiento acorde con una mujer que tiene a su disposición muchísimo dinero. Siéntete y actúa como lo haría esa mujer millonaria. Se trata principalmente de transformar tu comportamiento, no de la manera en que compras. El objetivo es participar en acciones cotidianas que te hagan sentir como si ya tuvieras un millón de dólares en tu cuenta bancaria y en tu cartera.

Haz cosas que te hagan sentir emocionalmente rica, poderosa, inspirada, energizada y en plena sintonía con el dinero para que finalmente puedas volverte millonaria. Llegó la hora de hacer otra pequeña tarea. Haz una lista de las 10 cosas que te hacen sentir la verdadera dueña de un millón de dólares.

Sí, volvemos a plasmarlas en una hoja. Asegúrate de asignarles un espacio en tu agenda que te permita ejecutarlas dentro de la próxima semana, al menos, dos de esas cosas.

VISIÓN DEL MILLÓN DE DÓLARES

Después de realizar las pequeñas tareas anteriores llegó el momento de preguntarte: ¿cómo te sientes al hacer dinero? Verás, los estados de ánimo son el mejor reflejo de nuestros resultados de éxito, aún más que los números.

Las emociones como la compasión, la gratitud y un grado saludable de orgullo por una misma conducen al éxito. Entonces, si decides comenzar a sentirte como si ya tuvieras un millón de dólares en el banco todos los días, es muy probable que te conviertas en esa persona.

¿Por qué? Porque tienes el potencial. Puedes convertirte, sin duda alguna, en esa mujer millonaria relativamente rápido, incluso si solo estas ganando un salario mínimo por año en este momento. Recuerda, tienes que sentirte como una mujer rica para hacerte rica.

Particularmente, yo, Catalina, empecé a experimentar con muchas formas para sentirme como una millonaria tomando acción a diario en cosas simples, tales como tomar un verdadero descanso para almorzar o sentarme en el patio al sol durante unos minutos.

Es increíble, pero solo el hecho de sacar unos minutos sin interrupción para tomar un delicioso café con leche y un *croissant* antes de empezar a trabajar, marcó una verdadera diferencia.

Compré un nuevo libro para disfrutar y, de hecho, me di tiempo para leerlo. También comencé a levantarme temprano para implementar una rutina en la mañana que incluye meditar y conectarme conmigo al principio del día.

Incluso apliqué la técnica de Marie Kondo en mi armario y saqué muchas cosas que ya no me traían alegría. Estas mejoras de estilo de vida económicas o gratuitas me hicieron sentir bien y cuando me sentía bien, era más probable que asumiera tareas que me ayudarían a ganar más dinero.

¿Te das cuenta? Como de cosas tan simples se genera gran satisfacción y surge una visión de grandeza sin precedentes para TI. Alimenta pensamientos del tamaño de tus sueños. Tu visión debe ser **grande, audaz y consciente**.

Necesitas un objetivo «claro y convincente» que sirva como un punto focal unificador del esfuerzo y actúe como un claro catalizador para el espíritu de equipo. Recuerda que eres una mujer única que es parte de un mundo.

¿El punto? Ten en cuenta que el tipo de pensamientos que alimentes sobre lo que eres capaz, o no, de hacer puede frenar o impulsar tus capacidades. Acuérdate, los pensamientos llevan a los sentimientos, y como tal, hay que pensar como millonarios para sentirnos como tal.

Así es que necesitas un objetivo con una línea de meta clara para que sepas cuando lograste llegar a ella. Cuando estableces una gran meta, te sacudes tus limitaciones autoimpuestas y te vuelves más consciente de tus potencialidades.

La atención plena requiere que estés presente y te brinda una perspectiva fresca y positiva del mundo. ¡Has vuelto a ser una niña de ojos brillantes que no tiene miedo de compartir sus grandes sueños en voz alta y cree plenamente en sus capacidades! ¡Todo lo que crees es posible!

Cuando sabes exactamente lo que quieres, no te preocupa el futuro, te emociona. Cuando estableces una visión emocionante para tu vida estás tomando una decisión consciente de dejar de vivir en piloto automático e ir justamente tras lo que quieres.

Esto te permite estar más presente, más enfocada y más alegre a medida que trabajas diariamente hacia tu visión deseada. Es el motor que te impulsará continuamente a seguir adelante.

Con este enfoque, no solo es más probable que llegues a la visión que deseas, sino que también es posible que le encuentres significado, emoción y felicidad cada día del viaje hacia esta nueva visión.

CÓMO VIVIR COMO UNA MUJER MILLONARIA

A continuación te presentaré una serie de pasos sencillos y contundentes que te llevarán directo a convertirte y sentirte en esa mujer millonaria que eres y deseas:

Paso 1: Mejora mentalmente tu vida cotidiana

Identifica las acciones que mejoran tu calidad de vida y te ayudarán a practicar más ese comportamiento del millón de dólares. Pregúntate a ti misma, en cada uno de los siguientes espacios, «¿qué me ayudaría-a tener más tiempo, energía, alegría, poder y paz?».

- Hogar/espacio físico.
- Recreación/viajes.
- Transporte.
- Educación (propia/pareja/hijos).
- Armario.
- Ahorros/inversiones.
- Cuidado personal/hábitos diarios.
- Dar/contribuciones comunitarias.
- Trabajo doméstico/ayuda contratada.

Paso 2: Ejecuta los números

Revisa cada categoría anterior y calcula cuánto dinero por mes te costaría realizar estas actualizaciones. Por ejemplo, mudarte a una casa más grande en un vecindario más agradable podría costarte alrededor de 1,500 dólares más por mes de lo que actualmente pagas en pagos de hipoteca. O contratar a alguien que te ayude con las tareas del hogar una vez por semana.

Paso 3: Lluvia de ideas para hacer dinero

No se trata de negarte aquello a lo que tus finanzas en este momento no están en capacidad de costear, se busca idear la forma de generar la cantidad de dinero que necesitas y mucho más. Ahora que sabes cuánto necesitas ganar para realizar todas las actualizaciones que deseas, encuentra nuevas ideas que te permitan obtener el dinero extra que necesitas. Ejemplos:

- Crea un proyecto paralelo a tu trabajo diario haciendo algo que disfrutas y que tus vecinos necesiten, como tutorías, cuidado de niños, organización de fiestas, planificación fiscal, corte de césped, entre otras.
- Alquila una habitación en tu casa.
- Abre una venta de garaje con cosas en buen estado que ya no necesites.
- Vende tus productos de diseño que ya no uses.
- Crea una nueva oferta (una obra de arte, tus servicios profesionales o ventas de deliciosos pasteles) y envía un correo electrónico a todos tus conocidos preguntándoles si están interesados.
- Comunícate con las personas que te deben dinero y pídeles con amabilidad, pero con confianza que paguen.

Paso 4: Comprométate con su primera actualización
¿Qué actualización puedes hacer ahora? ¿Hay algo que puede realmente mejorar tu poder y paz, y que te dará algo de tiempo y energía para adoptar comportamientos de un millón de dólares? Comprométete con esa actualización ahora mismo y establece una fecha límite en la que se ejecutará esa actualización. Muchas de las mujeres a las que entreno tienen una gran visión para sus vidas que incluyen riqueza y éxito, no obstante se les dificulta definir con detalles cómo sería esa vida a diario. En cambio, otras quedan atrapadas en los detalles prácticos de cómo hacer el trabajo o se quedan atascadas enfocándose en qué camino deben tomar para llegar a la gran visión. En otras palabras, se sienten tan abrumados por el **cómo** que no se permiten realmente soñar con el **qué**. Por ello, es crucial que nos demos el permiso para soñar en grande primero.

EL DESEO ES PODEROSO

El deseo es lo que crea el mundo. Imagina cómo aborda su trabajo, sus relaciones, su tiempo y su cuidado personal la mujer cuyos sueños se han realizado plenamente y que ha logrado todo lo que deseaba. ¿Cómo se trata a sí misma y cómo trata a los demás?

Pregúntate auténticamente: ¿quién es ella? Visualiza el tipo de mujer en la que quieres convertirte y luego comienza a **ser ella** ahora mismo. Cuanto más te pongas en los zapatos de la mujer poderosa en la que quieres convertirte, más rápido te transformarás en ella.

Cuando te tratas bien a ti misma y te concedes permiso para atender tus propios deseos, ¡te sentirás poderosa! Y cuando te sientes poderosa, puedes hacer cosas increíbles que te llevarán hacia la vida próspera y abundante que deseas.

Si desea resultados diferentes, debes cambiar la forma en que cuidas de ti misma, tus pensamientos y cómo empleas tu tiempo. Los tipos de cambios que querrás realizar en tus nuevos hábitos diarios dependen de la mujer en la que deseas convertirte, no aquella que la sociedad te ha impuesto que deberías ser.

Sé esa mujer millonaria, empoderada y de éxito que deseas. No te pongas límites. Aprovecha todas tus emociones y energía, y encáuzalas en acciones, pensamientos y comportamientos de abundancia. Fíjate en las palabras que te dices diariamente a ti misma. Pequeños cambios en las frases que te dedicas marcarán una gran diferencia.

Cambia la palabra «pero» a «y». Esto es tan simple y poderoso. Nótese cómo la palabra «y» se siente como una puerta abierta, una invitación a soñar y considerar diferentes opciones. Pequeños cambios de palabras abren puertas en tu mente que antes estaban cerradas.

Esto te permitirá desear algo cada vez más grande y extraordinario para ti.

Date permiso para soñar y crear una visión maravillosa de tu vida. Sé extravagante con tus sueños y no asumas que está fuera de tu alcance. ¡Y haz cuentas! Calcula exactamente cuánto cuesta la vida de tus sueños. Las metas grandes, peludas, audaces y conscientes tienen más probabilidades de lograrse que las metas aburridas, mediocres y alcanzables.

Para lograr el éxito, necesitamos sentirnos exitosas. Las mujeres deben tomar medidas para serlo. Ser **«Ella ahora»** no se trata de gastar dinero. No necesitas acumular deudas para empezar a comportarte como una mujer que gana millones. Cuida la forma en que hablas de tus metas y sueños. Cambia tu lenguaje para inclinarte constantemente hacia el lado de las posibilidades en lugar de la derrota.

PRÁCTICAS DE RIQUEZA DEL SIGUIENTE NIVEL

Mis prioridades cambiaron de «¿cuánto puedo ganar y gastar?» a «¿cuánto puedo permitirme tener en varias cuentas sin dejar de ganar y gastar?». A partir de ese pensamiento, la manera para establecer mis prioridades cambió a «¿qué tan cómodo puedo estar liberando grandes cantidades de dinero de estas cuentas para inversiones, esperando que el dinero se reponga a través de ganancias, gastos y ahorros continuos?».

El primer paso fue aprender a recibir dinero. El siguiente paso fue dejar que el dinero se acumulara. Una vez que tuve dinero en mis cuentas y estaba aumentando mi capacidad de creer que podía tener cantidades cada vez mayores y no estaba dispuesta a tener nada menos que esto, entonces ahí surgió un tercer paso.

Descubrí que necesitaba trabajar para permitirme liberar o soltar parte de este dinero. Esta fue una nueva área de crecimiento para mí. En lo personal, la mujer rica es diversificada, ella gana dinero de varias maneras. Tiene muchos recursos financieros, y de todo tipo, a su disposición.

Ella también tiene su dinero en varios contenedores, entendiendo la palabra contenedor como cualquier lugar donde se almacena dinero tanto como carteras de inversión, acciones, bienes raíces, entre otros. Confía en ti misma para gastar, ahorrar, liberar y generar dinero.

CONTENEDORES POTENCIALES QUE PUEDEN APOYARLO

- Cuentas de jubilación: nadie sabe cómo funciona nada de esto hasta que lo descubre.

- Haz las cosas: busca información en Google, haz preguntas, consulta a un planificador financiero.
- Bienes raíces.
- Cuentas bursátiles y de inversión.

Mi versión de mujer rica es la que confía en sí misma, tiene dinero en estos lugares, se siente bien con él, ejerce su fe dentro de esos contenedores y avanza continuamente.

Yo sabía que era un partido enérgico por tener cierta cantidad de dinero en mis cuentas de ahorro y creí que mis cuentas se recuperarían a esos números después de que se hicieran grandes inversiones. En lugar de contarme una historia limitante en la que me llevaría mucho tiempo para recuperar mis ahorros después de una inversión o que estaba haciendo algo arriesgado o peligroso, reflexioné sobre esto:

- ¿Qué pasa si las inversiones no tienen que sentirse riesgosas?
- ¿Qué pasaría si mis propiedades inmobiliarias fueran todas siempre positivas en efectivo?
- ¿Qué pasaría si supiera que todas mis acciones tendrían una tendencia alcista a lo largo de mi vida?

Este es mi ambiente en torno a las cuentas de inversión, cuentas de jubilación y bienes raíces. Ahora, «todas mis cuentas crecen y crecen. Todas mis inversiones se están apreciando. Es seguro liberar dinero. Es seguro pasar a ser la mujer rica». Siempre gano al final.

Confío en mí misma y en el proceso general de convertirme en una mujer cada vez más rica, creo en que hago las cosas correctas. Tengo fe en que si algo terminara siendo errado o lo incorrecto, pronto me recuperaría. Ya me recuperé en mis cuentas de inversión después de la caída que muchos de nosotros experimentamos cuando nos golpeó la pandemia.

La mujer rica siempre tiene en mente generar más dinero. ¡Así es ella! Y eso es lo que hace. Instala esto en tus hábitos como una nueva costumbre. Comienza ahora, aunque las cuentas de bienes raíces, jubilación y otras inversiones puedan sentirse un poco fuera de su alcance.

¿Cómo? Indaga, busca información, asesórate de expertos, busca grupos de apoyo. Quiero alentarte a que comiences a explorar inversiones ahora. De cualquier forma que te resulte agradable si la expansión en esta área es algo que deseas.

EJERCICIO

Tómate el tiempo necesario para escribir, con plena libertad, las respuestas a las siguientes preguntas:

¿Cuál es tu versión de la mujer rica?

Si pudieras confiar plenamente en ti misma y tuvieras los recursos para hacerlo, ¿qué tipo de inversiones harías?

Más allá de los gastos diarios e incluso de los gastos de lujo, ¿cómo deseas liberar dinero para que este trabaje para ti? ¿Qué te agradaría?

¿Qué sucede cuando liberas cualquier cantidad de dinero, grande o pequeña?

¿Cómo te sentirías si tuvieras cuentas con intereses altos que hicieran crecer tu dinero?

¿Cómo te sentirías si la propiedad, las acciones y las cuentas de jubilación estuvieran siempre creciendo?

¿Cómo te sentirías si fueras una generosa donante de una organización benéfica u organización en la que crees?

¿Cuáles son los deseos más profundos de tu corazón?

¿Cuáles son algunos de los deseos financieros del próximo nivel que tienes y que aún no has admitido?

Juega con cualquiera o todas las preguntas anteriores. Enfócate solo en lo que te ilumina. Quítate la presión. Siente tener y usar cantidades cada vez mayores de dinero con facilidad. Siéntete como una hermosa, exitosa, feliz y plena mujer rica, cultivando tu próxima interacción de crecimiento financiero, pues es ahí donde irás.

Queridas mujeres empoderadas:

Ha sido un verdadero honor escribir este libro sobre libertad financiera y compartir con ustedes mis conocimientos, experiencias y consejos en este apasionante viaje hacia la independencia financiera. A medida que nos acercamos al final de estas páginas, me gustaría tomar un momento para resumir lo que hemos aprendido juntas y brindarles una conclusión que las inspire a tomar acción y buscar su propia autonomía en esta área tan importante.

La libertad financiera no es solo un objetivo, sino un estilo de vida. Es el resultado de tomar decisiones conscientes y responsables en todos los aspectos de nuestras vidas financieras. Significa liberarnos de la carga del estrés y la preocupación constante por el dinero; y, en su lugar, disfrutar de una vida llena de opciones y oportunidades.

Cada una de nosotras tiene el poder de crear su propia historia financiera. No importa dónde nos encontremos en este momento, siempre es posible tomar el control y avanzar hacia nuestra libertad financiera. Pero esto requiere dedicación, paciencia y compromiso. No es un camino fácil, no obstante, los beneficios a largo plazo valen cada esfuerzo.

Las animo a aplicar los conceptos y estrategias compartidas en este libro en su vida diaria. Comiencen hoy mismo, tomando pequeños pasos hacia sus metas financieras, sin importar cuán grandes o pequeñas sean. Recuerden que el progreso es un proceso gradual y que cada paso cuenta.

Finalmente, quiero agradecerles por haberme acompañado en este viaje. Espero sinceramente que este libro haya sido una fuente de inspiración y motivación para ustedes. Les deseo todo el éxito en su búsqueda de la libertad financiera y les recuerdo que siempre estoy aquí para apoyarlas en su camino.

Con gratitud y mejores deseos.

-Catalina-

Made in the USA
Middletown, DE
04 January 2024

47213168R00093